ACTIVITÉ

PRÉPARATION AUX UNI
DU DELF DEUXIÈME DEGRÉ E1

rédiger
un résumé
un compte rendu
une synthèse

Claire Charnet
Jacqueline Robin - Nipi

HACHETTE
Français langue étrangère

www.hachettefle.fr

Couverture : Gilles Vérant
Conception et réalisation : Marion Fernagut

ISBN 978-2-01-155091-0

© Hachette Livre 1997, 43 quai de Grenelle, 75905 Paris Cedex 15

Avant-propos

Nous vous proposons, dans ce livre de la collection «Activités», une méthode progressive permettant de vous initier à la pratique de la réduction d'un texte (résumé ou compte rendu) ou à la réduction de plusieurs textes sur le même sujet (synthèse).

Vous trouverez pour vous aider :

- **des préparations complètes** pour chaque type de réduction. Les textes imprimés sur fond gris servent de point de départ à cette préparation.

- **des exercices d'entraînement** variés : sur les champs lexicaux, les mots de liaison, la ponctuation, la réduction des phrases longues...

- **des conseils pratiques** pour bien rédiger ;

- **de nombreux textes** qui vous permettront de vous exercer aux diverses techniques utilisées par la méthode ;

- **trois textes complémentaires** sur l'Europe.

Les textes proposés sont de longueur différente : ils vont du paragraphe au texte long (une page ou plus). Ils sont d'origines très diversifiées car on ne saurait se limiter aux extraits de presse.

Cet ouvrage sera une aide à la préparation du DELF et du DALF pour les épreuves comportant des épreuves de résumé, de compte rendu ou de synthèse.

Claire Charnet et Jacqueline Robin-Nipi

Sommaire

4

4. ENTRAÎNEMENT AU RÉSUMÉ ET AU COMPTE RENDU (III)

5. QU'EST-CE QU'UNE SYNTHÈSE ?

Grille de guidage pour l'étude des textes proposés

Titre des textes	Page	Typologie et • thématique	Approche globale	Étude du champ lexi...
Une rencontre inespérée	12	narratif • écologie	+	+
Alimentation et imaginaire	24	informatif • sociologie	+	+
Fontaines et porteurs d'eau au XIXe siècle	25	informatif • histoire et société		+
Le hamburger n'a pas encore détrôné le jambon-beurre	26	informatif • sociologie	+	+
La douleur	30	informatif • sciences	+	
Vous, la lectrice...	35	narratif • éducation		
Michel Butor...	36	narratif		
Le rêve et la musique	37	informatif • sociologie		
Familles, parenté...	37	explicatif • sociologie	+	
Hommage à Jean Rostand	38	explicatif • sciences et langage	+	
Le grand tort...	39	informatif • histoire et société		
Il est probable que les chevaliers...	40	explicatif • sociologie	+	
Omniprésence de la peur en Occident	41	explicatif • sociologie	+	
Quelles sont les forces dont disposa l'homme	42	explicatif • sociologie	+	
Les conditions socioculturelles se modifient	43	explicatif • sociologie	+	
Les dons d'organes	44	informatif • sciences	+	
Dans la plupart des sociétés primitives	46	explicatif • sociologie	+	
Pitié pour les veaux !	47	informatif • société	+	
Les agents de Satan : la femme	48	explicatif • histoire et société	+	
La télé dévoreuse d'enfances	51	informatif • éducation	+	
Les trois piliers de la manipulation	54	explicatif • sociologie	+	
La cause des élèves	56	explicatif • éducation	+	
La musique contre l'exclusion	58	informatif • sociologie	+	
Les baladeurs en sourdine	61	informatif • sciences	+	+
Les Français entretiennent des relations...	64	informatif • sociologie	+	+
La terre menacée	66	explicatif • sociologie	+	
L'animal de compagnie entre à l'hôpital	68	informatif • sciences	+	
Il y a aujourd'hui tout autour de nous	72	informatif • sociologie	+	+
À la recherche d'une méthode pour prévoir les séismes	74	informatif • sciences	+	+
La réserve de l'Antarctique Vol de météorite Message aux enseignants	79 et 80	informatif • sciences	+	+
Enfants : Alerte à l'obésité La Mal Bouffe Le sucre qui engraisse	82 et 83	informatif • sciences	+	+
Antiquité : les femmes aussi ? Atlanta Entretien avec Marie-Josée Pérec	86 à 89	informatif • sports	+	+

* Facile / court   ** Difficulté moyenne   *** Difficile / long

Étude des articulateurs (connecteurs)	Étude de la ponctuation	Étude segmentée (par paragraphes)	Réduction et rédaction	Corrigé donné dans le livre	Degré de difficulté
+	+	+	+	+	**
			+		*
			+		*
			+		**
+					*
	+				**
					*
			+		*
			+		**
			+		*
	+		+		*
			+	+	*
			+		**
+			+		**
			+		*
			+		**
			+	+	*
	+		+		*
+		+	+		***
+		+	+	+	**
		+	+		**
		+	+		*
		+	+		***
		+	+		**
		+	+		***
		+	+		***
	+	+	+		***
		+	+		***
		+	+		**
			+	+	**
			+		**
			+		***

Remarque : les paragraphes utilisés pour un seul type d'exercice ne sont pas mentionnés.

1

MÉTHODOLOGIE

1
DÉFINITIONS

CE QUE VOUS DEVEZ SAVOIR SUR LE RÉSUMÉ, LE COMPTE RENDU, LA SYNTHÈSE

Ces trois termes supposent des techniques comparables qui nécessitent les mêmes qualités chez le candidat, encore que l'on puisse avoir besoin de réduire des documents écrits dans d'autres circonstances que l'examen de langue.

- **Le résumé**
C'est la contraction d'un texte, au quart de sa longueur environ. Il suit le cours et l'enchaînement des idées du texte et reformule le type de discours du texte initial.

- **Le compte rendu**
C'est la contraction d'un texte, au tiers de sa longueur environ. Il met en relief l'idée principale et toutes les idées qui s'y rapportent.
Il reconstitue la structure logique de la pensée de l'auteur sans suivre systématiquement l'ordre du texte. Il rend compte à la troisième personne – quel que soit le type de discours – des pensées de l'auteur. L'objectivité reste de rigueur.

- **La synthèse**
Elle réunit les activités du résumé et du compte rendu, dont elle est plus proche.
Elle permet de rassembler les éléments essentiels de plusieurs textes (3 ou 4) pour en donner un compte rendu cohérent. Il ne s'agit, **en aucun cas**, de rendre compte séparément de chaque document mais de produire un **texte unique**.

2
CONSEILS MÉTHODOLOGIQUES

Pour ces trois types d'exercices, trois étapes préparatoires précèdent la rédaction.

PREMIÈRE ÉTAPE : OBSERVATION DU TEXTE

Il faut en définir la nature.
a) Est-ce un texte journalistique, littéraire, administratif ?
b) A-t-il un titre ? Un sous-titre ? Est-il présenté sur une ou plusieurs colonnes ?
c) Comment est-il structuré ? Comporte-t-il des paragraphes ? Sont-ils évidents ?

DEUXIÈME ÉTAPE : LECTURE GLOBALE DU TEXTE

Pendant cette première lecture, il est préférable de ne rien écrire et de ne rien souligner. Vous pouvez alors vous poser les questions suivantes :

a) De quel type de texte s'agit-il ? Est-ce un texte narratif, explicatif, informatif, etc. ?

b) De quel sujet traite-t-il ?

c) Sur quoi l'auteur insiste-t-il ?

TROISIÈME ÉTAPE : LECTURE ATTENTIVE DU TEXTE

(Ou des textes s'il s'agit d'une synthèse.)

C'est le moment de noter sur une feuille les mots/idées-clés suggérés par les champs lexicaux ou les insistances du texte et leur enchaînement, en repérant les mots de liaison et l'utilisation de la ponctuation et en reformulant les informations et idées du texte selon la méthode qui vous est proposée pages 14 à 16.

QUATRIÈME ÉTAPE : RÉDACTION

C'est seulement après les trois étapes préparatoires que vous rédigerez votre résumé ou compte rendu.

Voici un exemple sur un texte court pour illustrer les règles générales à respecter pour la rédaction d'un résumé et d'un compte rendu.

Pour la synthèse, vous vous reporterez à la page 78.

> J'ai déjà dit que je croyais l'humanité installée pour un très long temps sur la terre. Je ne la vois pas succombant à la famine ou à l'épuisement des sources d'énergie.
>
> Je crois que les dangers mêmes qui la menacent dans son
> 5 existence lui seront un aiguillon bienfaisant pour la contraindre à s'organiser et à s'unifier.
>
> Je crois que l'intolérance, le fanatisme, le sectarisme – où, le plus souvent, il ne faut voir qu'excès de moralité mal entendue – ne seront que des régressions temporaires. Je crois que
> 10 l'idée démocratique triomphera sans réserve, en ce sens qu'il me paraît impossible que l'instinct de justice ne fasse aboutir ses protestations et que l'avantage du grand nombre n'en vienne à prévaloir sur l'intérêt de quelques-uns.

(136 mots)

Jean Rostand, *Ce que je crois*, © éd. Grasset, 1953

RÉSUMÉ

a) Conserver l'ordre du texte.

b) Garder le système de l'énonciation (*Je...*).

c) Reformuler le discours initial sans prendre position.

d) Proscrire les formules du type : «*L'auteur pense que... montre que...*»

e) Ne pas recopier des phrases intégrales du texte.

f) Respecter le nombre de mots exigés (voir page 11).

⮕ *Je crois que l'humanité habitera la terre encore longtemps, défiant les famines ou le manque de ressources car les dangers la rendront solidaire. Toute forme d'intolérance disparaîtra : la démocratie vaincra car elle est juste.*
(36 mots) (voir page 11)

COMPTE RENDU

a) Mettre en relief l'idée générale.

b) Rendre compte, à la troisième personne, de la pensée de l'auteur.

c) Admettre les formules du type : «*L'auteur pense que... affirme que...*», mais rester objectif.

d) Ne pas suivre obligatoirement l'ordre du texte.

e) Ne pas recopier des phrases intégrales du texte.

f) Respecter le nombre de mots exigés (46 mots).

⇨ ***Jean Rostand nous fait part*** *de sa confiance dans l'humanité. Devant les dangers de la famine ou du manque de ressources, elle sera forte et vaincra. C'est la démocratie qui l'aidera à triompher de toutes les intolérances et à apporter plus de justice.*
(46 mots)

REMARQUES CONCERNANT LA COMPTABILISATION DES MOTS

• Ce que vous devez savoir

On vous impose un certain nombre de mots et on vous accorde une marge de 10 % en plus ou en moins. C'est-à-dire que, pour un texte à résumer en 150 mots, la marge vous permettra d'utiliser soit 135 mots (10 % en moins) soit 165 mots (10 % en plus).

• Qu'entend-on par mot ?

C'est un élément séparé

- par deux blancs : *la maison* (2 mots), *la maison jaune* (3 mots) ;
- par des signes de ponctuation : *d'ailleurs* (2 mots), *l'école* (2 mots) ;
- par l'un et l'autre : *c'est-à-dire* (4 mots), *peut-être* (2 mots), *explique-t-il* (3 mots).

Remarques

• Si dans un texte vous rencontrez des sigles, sachez que, quel que soit leur nombre de lettres, ils comptent pour un mot : *TGV* = 1 mot, *SNCF* = 1 mot, *CFDT* = 1 mot.

• De la même façon, les nombres, quelle que soit leur quantité de chiffres, comptent pour un mot : *1789* = un mot.
(Sauf s'ils sont écrits en lettres : *cent vingt et un* = 4 mots.)
C'est la même chose pour les chiffres romains : *XX*ᵉ = un mot, *XX*ᵉ *siècle* = 2 mots.

Baudelaire (Charles) (Paris, 1821 - 1867) poète français. D'une nature complexe, partagé entre l'horreur et l'extase de la vie, entre le péché et la pureté, il est proche des romantiques : parnassien par son goût de la forme, il annonce le symbolisme par la puissance suggestive de ses vers. La publication, en 1857, des *Fleurs du mal* (son unique recueil de vers) fit scandale et lui valut des poursuites judiciaires.

Dictionnaire Hachette Encyclopédique

Cet article de dictionnaire comprend .... mots.

3
APPLICATION

DOC

Récit de plongée par Yves Paccalet

Une rencontre inespérée

Écrivain, naturaliste et photographe, Yves Paccalet est amoureux du monde marin. Il a écrit plusieurs livres dont Méditerranée, le miracle de la mer *(éd. Atlas). Chaque semaine, il nous raconte une rencontre avec l'une des merveilles de la Méditerranée.*

Promenade dans les Cyclades. Je vogue au cœur du cratère du volcan de l'île de Santorin. Près de l'îlot de Néa Kaméni, je jette l'ancre. C'est à ce moment que je l'aperçois : petite chose sombre, ovoïde, qui avance dans les vagues... Un phoque ! Un phoque moine ! Un moine de mer, comme on disait autrefois... Une espèce rarissime, qui figure sur la triste liste des douze mammifères les plus menacés du monde... L'animal se réfugie dans une anse, à moins de cinquante mètres. Je ne veux pas le déranger. Je veux juste le voir...

Sa curiosité le pousse vers les hommes

Sa tête bouchonne dans l'écume – bonne bouille joufflue, de couleur brun noir, à l'exception des «sourcils» pâles et des babines, hérissées de longues moustaches d'argent bleuté... Il me regarde, je le regarde. Il a les yeux noirs, un peu globuleux. Je me mets à l'eau doucement, doucement... Je nage vers lui. Il vient vers moi. Il n'a pas peur mais il refuse de se laisser coincer dans sa «piscine» de basalte. Je ne bouge plus. J'admire ce grand corps en forme de poisson, qui doit bien peser trois cents kilos... Il avance en ondulant de tout son corps. Il use de ses battoirs pour tourner, freiner ou accélérer. Il passe à moins de dix mètres de moi. Je suis abasourdi par ma chance. J'ai juste le temps de noter l'éclair d'intelligence qui anime ses yeux. Il passe comme un rêve primordial, dans la transparence de l'eau. Il me semble que notre rencontre dure une heure. Je sais, par expérience, qu'elle n'excède pas une minute : parfois le temps se dilate... J'entrevois, un instant encore, sa «queue» faite de deux pieds modifiés en gouvernail. Puis il s'évanouit dans le bleu... J'espère qu'il n'a pas eu peur, mais j'en doute : j'appartiens à l'espèce égoïste et arrogante qui mène la sienne à l'extinction. Je veux croire qu'il m'a pris pour une sorte de cousin, nageur ridicule mais inoffensif. Je garde en mémoire la grâce incroyable de ce corps qui s'arque et jaillit, ondule, tournoie – symbole sublime d'une mer que mon genre salit et saccage... Le phoque reprend son souffle en surface, à plus de 100 m, et s'évanouit dans le fluide de la vie. Cette petite tête intelligente ne comprend pas ce qui lui arrive, ni ce qui blesse la Méditerranée où il baigne.

Une espèce aimée et vénérée dans l'Antiquité

Je viens de m'asseoir sur le basalte noir de Néa Kaméni. Je médite sur le destin de ce mammifère, exterminé par des individus avides et cruels. Je repense aux légendes qu'il avait fait naître dans l'Antiquité, époque à laquelle l'espèce était aimée et vénérée. La mythologie raconte en effet que Poséidon (le dieu grec des mers) et Amphitrite (son épouse) en élevaient des troupeaux dans leur palais, dont ils confiaient la garde au berger Protée. Sur mon roc de basalte, je deviens Protée et je rêve que je surveille un pullulement de phoques moines rescapés de la folie des hommes. Quand je rouvre les yeux, il a disparu...

(625 mots)
© *Femme actuelle* n° 562 du 6 au 9-07-1995

Nous vous proposons d'abord, à l'aide d'un exemple (texte témoin) de pratiquer la **méthode** du **résumé** et du **compte rendu** selon les **différentes phases** du travail annoncées dans les conseils pédagogiques.

Ces phases seront développées dans les chapitres 2 et 3 du livre, à l'aide d'exercices pratiques.

1. OBSERVATION DU TEXTE

Quelles remarques pouvons-nous tirer de cette observation ?

Il s'agit d'un extrait de périodique (*cf.* titre, numéro et date, en bas, à droite).

Sa présentation :

- un **titre de rubrique** : *Récit de plongée*
- un **gros titre** : *Une rencontre inespérée*
- un **chapeau** : *Écrivain, naturaliste... Méditerranée.*
- deux **intertitres** : *Sa curiosité le pousse vers les hommes* et *Une espèce aimée et vénérée dans l'Antiquité*, qui séparent le texte en trois parties de longueur inégale, sans paragraphes nettement délimités.

Si le titre lui-même n'est pas explicite, **les mots**, **la présentation** et **la typographie** nous aident à repérer et à deviner que le texte parle d'un animal marin observé par un spécialiste, au cours d'une promenade en Méditerranée.

> **L'observation globale d'un document écrit, de ses caractéristiques typographiques et de sa présentation, peut donc nous renseigner sur la typologie du texte, l'essentiel de son contenu probable et, parfois, sur le point de vue de son auteur.**

2. LECTURE GLOBALE DU TEXTE

1. Qu'est-ce que nous avons **compris globalement** ?

C'est un récit : un homme raconte qu'il a pu observer de près un phoque moine ; il s'agit d'une espèce très rare, exterminée par les hommes. Il l'admire, nous le décrit en nous faisant part de ses impressions. Enfin, il évoque des légendes antiques créées autour de cet animal.

2. Quelle est **l'idée dominante** du texte ?

Le phoque moine est une espèce en voie de disparition par la faute de l'homme.

> **Cette première lecture nous a confirmé les résultats de notre observation du texte et nous a aidés à saisir l'intention de l'auteur : à travers le récit, celui-ci nous transmet diverses informations sur le phoque d'une part, sur sa survie incertaine d'autre part.**

3. LECTURE ATTENTIVE DU TEXTE

1. PREMIERS REPÉRAGES : CHAMPS LEXICAUX ET INSISTANCES DU TEXTE

Au cours de notre lecture, nous avons pu être frappés par :
- **la reprise d'un mot,**
- **l'emploi de mots ou d'expressions variés autour d'un même thème,**
- **la reprise d'une même idée** exprimée différemment. (Ces procédés ne sont pas systématiques dans tous les textes mais assez fréquents.)

> ■ Relever, analyser, comparer les termes autour du même sujet consiste à étudier <u>le champ lexical d'un thème.</u>
> ■ Relever les répétitions d'une même idée consiste à étudier <u>les insistances du texte.</u>

1. Nous allons donc relever **les champs lexicaux** de la mer et de la Grèce :

LA MER

je vogue	*monde marin*	*dans les vagues*
je jette l'ancre	*plongée*	*dans l'écume*
je me mets à l'eau (doucement)	*nageur ridicule*	*une mer*
je nage	*une anse*	*le <u>miracle de la mer</u>*
il baigne	*mon roc*	*<u>Méditerranée</u> (3 fois)*
en surface	*phoque moine (2 fois)*	*dans la <u>transparence</u> de l'eau*
	moine de mer	*dans le <u>bleu</u>*
	poisson	*dans le <u>fluide de la vie</u>*

LA GRÈCE D'AUJOURD'HUI...	*ET D'AUTREFOIS*
les Cyclades	*l'Antiquité (2 fois)*
l'île de Santorin	*la mythologie*
l'îlot de Néa Kaméni	*les légendes*
	Poséidon (le dieu grec des mers)
	Amphitrite
	Protée (2 fois)

Quelles précisions ces relevés nous apportent-ils ?
Certes, un grand nombre de mots servent à raconter ou à décrire, à évoquer un décor précis ; d'autres (nous les avons soulignés) sont **connotés** (ils sont moins neutres).
La Méditerranée, dans cette partie de la Grèce, est encore pour l'auteur une mer magnifique et vivante, puisqu'elle est le refuge des phoques moines survivants.
D'autre part, observateur et rêveur, il voit la nature en écologiste, mais aussi en poète.

2. Relevons maintenant **les phrases qui insistent sur la rareté du phoque moine** (il y en a 5, plus le titre) :
- *Une rencontre* **inespérée**
- *Une* **espèce rarissime,** *qui figure sur la triste liste des douze mammifères* **les plus menacés du monde**...
- *J'appartiens à l'espèce égoïste et arrogante qui mène la sienne à* **l'extinction.**
- *Il ne comprend pas* **ce qui lui arrive** *ni* **ce qui blesse** *la Méditerranée où il baigne.*
- *Je médite sur le* **destin** *de ce mammifère,* **exterminé** *par des individus avides et cruels.*
- *... un pullulement de phoques moines* **rescapés** *de la folie des hommes.*

Toutes ces phrases ont sensiblement le même sens, mais la reprise du même thème cherche à rendre le lecteur sensible à la **responsabilité de l'homme** (explicite dans trois d'entre elles) dans la **disparition d'une espèce** animale.

> ■ L'analyse des champs lexicaux et des insistances du texte nous a permis de mieux comprendre l'intention de l'auteur, son état d'esprit, son regard personnel sur le monde.

2. MOTS DE LIAISON ET PONCTUATION

La lecture nous aidera enfin à remarquer l'usage particulier des **mots de liaison** (ou connecteurs) ou encore des **signes de ponctuation** ; les uns et les autres jouent un rôle dans **le rythme et la logique** des phrases entre elles et les derniers permettent en outre de connaître **la modalité** des phrases (c'est-à-dire l'expression, la marque de l'affectivité).

Quelles remarques pouvons-nous faire ?

1. Sur les mots de liaison :

Notre texte en a très peu et ce sont principalement des **marques temporelles** (naturelles dans un récit) : *c'est à ce moment que - puis - époque à laquelle - quand* .

Les deux exemples de la coordination *mais* se trouvent en cours de phrase.

2. Sur la ponctuation :

Un signe est très fréquemment employé, les **points de suspension** (11 occurences). Le cours du récit est donc très souvent interrompu par ces pauses qui invitent le lecteur à réfléchir ou à imaginer.

À trois reprises, les **guillemets** signalent l'emploi inadéquat d'un mot : *sourcils, piscine, queue.*

> La présence ou l'absence de mots de liaison, la fréquence de certains signes de ponctuation nous ont précisé la manière d'écrire et de penser de l'auteur.

• **Remarque :** Nous avons décomposé, en nous aidant de tous les signes de l'écriture, les diverses opérations qui conduisent à la compréhension précise d'un texte ; il est évident que ces opérations, avec l'expérience, se font simultanément.

3. REFORMULATION PRÉPARATOIRE

Maintenant que le texte est compris globalement, que l'intention de l'auteur est découverte, nous devons le **relire attentivement** afin d'isoler les éléments qui serviront à l'élaboration de notre résumé ou compte rendu.

Faisons **deux colonnes** : dans la **colonne de gauche,** nous écrirons les mots ou phrases-clés du texte (ceux/celles qui véhiculent les informations ou les idées essentielles). Dans la **colonne de droite,** nous écrirons la «traduction» personnelle des informations ou des idées contenues dans ces mots ou phrases-clés : leur **reformulation**.

Mots ou phrases-clés	Reformulation
PREMIER PARAGRAPHE (l. 1 à 19)	
- *promenade, Cyclades*	→ - promenade en bateau à Santorin, dans les Cyclades
- *je vogue... Santorin*	
- *petite chose, sombre, ovoïde*	→ - rencontre un phoque moine, forme sombre et ovale
- *phoque moine*	
- *espèce rarissime*	→ - espèce très rare
- *mammifères les plus menacés*	→ - mammifère en voie de disparition
DEUXIÈME PARAGRAPHE (l. 20 à 77)	
1ère partie (l. 20 à 46)	
- *sa curiosité...vers les hommes*	→ - attiré par l'homme
- *je nage vers lui*	→ - je vais vers lui
- *use de ses battoirs pour tourner*	→ - évolue dans l'eau grâce à ses battoirs
- *éclair/intelligence/yeux*	→ - regard intelligent

2e partie (l. 47 à 77)

- il passe comme un rêve	→	- rencontre hors du temps
- il s'évanouit	→	- il disparaît
- il n'a pas eu peur, mais j'en doute	→	- a-t-il eu peur ?
- j'appartiens à l'espèce... qui mène la sienne à l'extinction	→	- exterminé par l'homme
- la grâce incroyable...ondule	→	- merveilleuse agilité
- ... ne comprend pas ce qui lui arrive, ni ce qui blesse la Méditerranée	→	- l'homme, ennemi du phoque et de son environnement

TROISIÈME PARAGRAPHE (l. 78 à la fin)

- espèce aimée et vénérée dans l'Antiquité	→	- être mythique dans l'Antiquité
- exterminé	→	- détruit
- mythologie (Poséidon...)	→	- gardien du palais des divinités
- je deviens Protée	→	- comme Protée
- pullulement de phoques moines rescapés	→	- immense troupeau de phoques moines préservés
- il a disparu	→	- il a fui

4. RÉDACTION

Nous vous proposons, enfin, **deux rédactions** qui utilisent les éléments notés dans la colonne de droite, en les reconstituant en phrases complètes, claires et personnelles.

Chaque rédaction respecte les **consignes** données dans les **conseils pédagogiques** (longueur, type de discours, ordre des phrases).

1) RÉSUMÉ

⇨ *Me promenant dans les Cyclades, à Santorin, j'ai eu la surprise de voir un mammifère très rare, en voie de disparition : un phoque moine. Je distingue d'abord sa tête sombre et le trait clair qui surmonte ses yeux noirs ; je plonge alors pour aller à sa rencontre et lui, curieux, vient vers moi : je peux admirer son corps ovale de 300 kilos, mais très agile, et l'intelligence de son regard. Cette rencontre exceptionnelle me semble un moment d'éternité.*

Le phoque s'éloigne prudemment : je représente, à son insu, l'espèce qui le persécute et détruit son environnement.

Sur mon rocher de Néa Kaméni, je pense à cet animal exterminé par des hommes sans pitié, lui qui, dans les légendes antiques, était adoré : les dieux de la mer, Poséidon et Amphitrite, les faisaient garder par Protée.

Tandis que je rêve d'être ce berger, le phoque a disparu. (152 mots)

2) COMPTE RENDU

⇨ *Le naturaliste Yves Paccalet, un passionné de la mer, fait le récit émerveillé de sa rencontre, lors d'une plongée en Méditerranée, avec un phoque moine. C'est au cours d'une promenade en bateau à Santorin dans les Cyclades, qu'il a aperçu, près de Néa Kaméni, puis approché sous l'eau ce mammifère marin, espèce très rare en voie de disparition.*

Il décrit sa tête sombre, ses yeux noirs intelligents surmontés d'un trait clair, son corps ovale de 300 kilos ; cette rencontre exceptionnelle lui semble une minute d'éternité : il admire l'agilité de ses divers mouvements grâce à ce qui lui sert de mains et de pieds, et le regarde s'éloigner avec regret. Le phoque s'est montré à la fois curieux et prudent devant l'homme qui, à son insu, est le pire ennemi de sa race et de son environnement.

Assis sur un rocher, l'auteur pense avec nostalgie au temps où les phoques moines, loin d'être exterminés sans pitié par les hommes, étaient protégés des dieux : dans l'Antiquité grecque, Poséidon et Amphitrite en élevaient un grand nombre dans leur palais sous-marin, gardé par Protée...

Mais, tandis que l'auteur rêve, le phoque a disparu. (201 mots)

2

ENTRAÎNEMENT AU RÉSUMÉ ET AU COMPTE RENDU (I)
Premier contact avec le texte

1
PREMIÈRE APPROCHE D'UN TEXTE : OBSERVATION ET COMPRÉHENSION GLOBALE

LES REPÈRES TYPOGRAPHIQUES

Lorsque vous abordez un texte, vous disposez dès le premier coup d'œil de repères importants en observant :
1. les titres, sous-titres, chapeaux ;
2. les caractères : majuscules, gras, italiques, capitales ;
3. les paragraphes ;
4. la ponctuation.

1. LES TITRES, SOUS-TITRES ET CHAPEAUX

▪ **Les titres** sont en caractères gras, le plus souvent en majuscules ou en minuscules de grande taille et situés en tête de l'article ou du texte :

> **PRENDRE EN COMPTE
> LE RÔLE FONDAMENTAL
> DES PROFESSEURS DE FRANÇAIS**

▪ **Les sous-titres** sont situés, comme leur nom l'indique, immédiatement sous le titre. Ils apportent une précision au lecteur.

titre

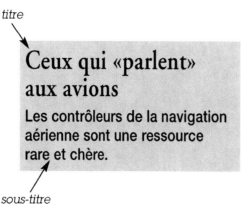

sous-titre

titre de rubrique   *titre de l'article*

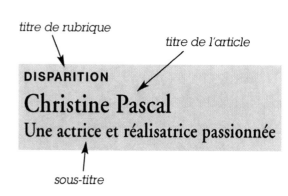

sous-titre

• **Les chapeaux** sont situés sous le titre ou le sous-titre ; ils constituent une explication sous la forme d'un court texte.

titre ⟶ # JEANNIE LONGO

sous-titre ⟶ ## LA DAME DE FER DU CYCLISME

chapeau ⟶ Une championne fabuleuse, un palmarès monstrueux qui vient de s'alourdir encore cette année, et pourtant cette cycliste hors du commun souffre d'un manque de reconnaissance...

La revanche du jouet traditionnel

Les jeux vidéo – jugés chers – sont au creux de la vague : ⟵ *chapeau*
on assiste à un retour vers le jouet traditionnel, un secteur
dans lequel les fabricants français se distinguent.

Sans même avoir lu l'article qui fait suite, on sait de quoi il est question.
Cet article va nous informer du retour du jouet traditionnel sur le marché, face aux jeux vidéo.

EXERCICES

En observant et en lisant attentivement les titres et les sous-titres suivants, les chapeaux – s'il y en a –, **dites en quelques mots de quoi il peut être question dans les textes.** Quels sont les mots qui vous permettent de faire vos hypothèses ?

(1)

TEXTILE
NON AUX ENFANTS ESCLAVES

....

....

(2)

Maintenir des territoires vivants
Les parcs naturels régionaux s'efforcent de concilier la préservation du patrimoine et le maintien des activités humaines.

....

....

(3)

Déchets
Protéger l'environnement

....

....

(4)

"DANS CE PAYS GLACIAL, LA SEULE CHALEUR VIENT DES SOURIRES"

....

....

....

....

(5)

Le chroniqueur des pharaons

....

....

....

(6)

LES ILLUSIONS DE LA PAIX

Revenir à la vie normale de l'avant-guerre est le grand désir des Français et des Européens après 1919. Cela explique les espoirs immenses d'une paix que beaucoup croient désormais assurée par l'institution nouvelle de la Société des Nations (SDN), créée sur l'idée du président des États-Unis, Wilson.

Histoire de France, coll. «Outils», © Hachette

2. LES CARACTÈRES

■ **Les majuscules** sont souvent utilisées pour donner plus d'importance aux titres et aux sous-titres, pour attirer l'attention du lecteur sur un événement ou sur une rubrique particulière.

AIDONS-LES !

Ce titre, suivi d'un point d'exclamation, attirait l'attention du lecteur sur les enfants maltraités.

■ **Les caractères gras** sont utilisés pour mettre en relief un mot important, pour attirer l'attention sur ce mot ou cette expression.

À proprement parler, les hommes de l'opulence ne sont plus tellement environnés, comme ils le furent de tout temps, par d'autres hommes que par des **OBJETS**. Leur commerce quotidien n'est plus tellement celui de leurs semblables que, statistiquement selon une courbe croissante, la réception de manipulation de biens et de messages.

Les grandes métropoles concentrent la puissance et le savoir. C'est dans ces métropoles que se trouve **le pouvoir de décision économique**. Les sièges sociaux des entreprises mondiales, attirant dans leur sillage de nombreux services rares, voisinent avec les banques d'affaires, les compagnies d'assurances, les bourses de commerce et de valeurs. Mais **les grandes métropoles dominent la vie culturelle**, appuyées sur des universités prestigieuses, des centres de recherche...

■ **Les caractères italiques** sont utilisés pour citer :
- des titres d'ouvrage ;

(1) Voir à ce sujet le livre de Janett Malcolm, *Tempête aux archives Freud*, PUF, 1986.

- ou des phrases produites par d'autres personnes.

«Tout a commencé au début des années 60, se souvient l'un des pionniers de cette discipline, l'Américain Gerald Kooyman, chercheur à la Scripps Institution of Oceanography (université de San Diego, Californie). *Nous ne connaissions pas grand-chose des mœurs des mammifères marins et de leur comportement sous l'eau.»* Pour lever cette énigme, le biologiste s'est fait bricoleur.

3. LES PARAGRAPHES

Ils donnent des indications sur la structure du texte.

2
LE CHAMP LEXICAL

DÉFINITION

Un champ lexical est l'ensemble des mots qui, dans un texte, expriment la même idée ou décrivent les mêmes faits, la même réalité, les mêmes notions. Ces mots ne sont pas nécessairement de la même famille, ni même des synonymes, mais ils apportent un complément d'information ou un point de vue différent sur les thèmes développés autour du mot dominant.

Exemple du champ lexical de l'argent
(Cette liste n'est pas exhaustive.)

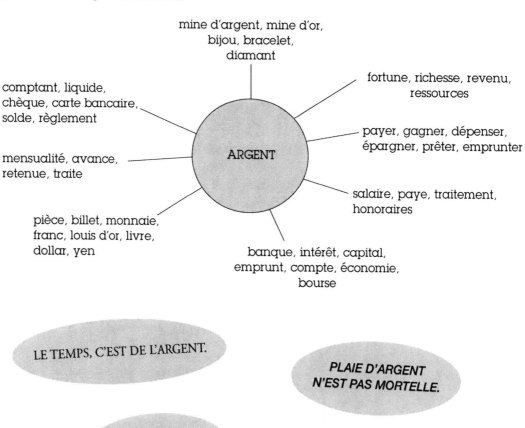

LE TEMPS, C'EST DE L'ARGENT.

PLAIE D'ARGENT N'EST PAS MORTELLE.

L'ARGENT N'A PAS D'ODEUR.

L'ARGENT NE FAIT PAS LE BONHEUR.

DOC

LA RADIOACTIVITÉ peut-elle provoquer, chez l'homme, des mutations génétiques transmissibles d'une génération à l'autre ? Jusqu'à présent, toutes les études, menées notamment sur les survivants des
5 bombes d'Hiroshima et de Nagasaki, n'ont jamais permis de le prouver. Mais, cinquante et un ans après la première bombe atomique, et dix ans après Tchernobyl, l'incertitude est peut-être sur le point d'être levée. Une équipe de généticiens britanniques, biélo-
10 russes et russes a observé, en effet, un taux de mutation deux fois supérieur à la normale chez des enfants et leurs parents vivant sur des territoires contaminés par l'explosion de la centrale ukrainienne.

J.-P. Dufour,
Le Monde, 28/29-04-1996

Lisons le texte :
Le champ lexical appartient au domaine scientifique, et plus particulièrement à celui de la radioactivité dont on évoque les conséquences.

Voici les mots ou expressions appartenant à ce champ lexical :

- *radioactivité*   - *mutations génétiques*
- *bombe atomique*   [RADIOACTIVITÉ]   - *survivants des bombes*
- *explosion*   - *taux de mutation*
- *centrale*   - *contaminés*

Les noms propres peuvent y être aussi rattachés :
Hiroshima, Nagasaki, Tchernobyl

Grâce à ce relevé, nous pouvons, en une phrase, formuler l'idée essentielle du texte en réutilisant les mots du champ lexical.

⇨ *Il est possible que la **radioactivité**, consécutive à **l'explosion des bombes atomiques** ou aux accidents dans les **centrales nucléaires**, ait des conséquences **génétiques**.*

EXERCICES

1 Lisez attentivement le texte.

CANNES 96

Qualité France

Cinq films français en compétition. Cinq productions françaises, mais aussi cinq réalisateurs français, puisque le chilien Raoul Ruiz a désormais acquis la nationalité de son pays
5 d'accueil, au titre des services rendus à l'art cinématographique. Si la nouvelle est de celles que l'on a plaisir à entendre, ce n'est pas au nom d'un nationalisme qui serait déplacé aujourd'hui plus que jamais, en un temps où
10 les films sont davantage continentaux que nationaux. Non, il s'agit plutôt de l'impression d'ensemble produite par cette sélection, sans préjuger de la qualité des films.

Aucun débutant n'y figure, ce n'est pas une sur-
15 prise, rares étant ceux qui sont parvenus à hisser leur premier essai jusqu'au Palais des festivals. On trouve, en revanche, une deuxième réalisation, signée par un scénariste déjà confirmé et dont le nom autant que le style sont les garants
20 de la survivance d'une certaine tradition.

P. Mérigeau, © *Le Monde*, 10-05-1996

a) Relevez dans ce texte les mots appartenant au **champ lexical du cinéma**.

b) Exprimez en une phrase ce que vous avez compris du texte.

2

ALIMENTATION ET IMAGINAIRE

Considérons deux aliments de statut imaginaire très différent, sinon opposé : le caviar et la tomate. Le premier est réservé à un petit nombre de personnes et d'occasions gastronomiques et festives. Même dans les catégories sociales qui peuvent y avoir accès, on ne le consommera guère de manière solitaire, mais plutôt en groupe ou en couple, c'est-à-dire dans des situations de célébration ou de séduction. Cette consommation se devra d'être parcimonieuse, par nécessité mais aussi par bienséance : pour caractériser les débordements somptuaires excessifs, ne parle-t-on pas de «flots de champagne» et de «caviar à la louche» ? L'imaginaire du caviar évoquera la munificence et l'excès, les débordements affectifs et l'âme slave. Notons au passage que la succulence de ce mets semble être une découverte relativement récente : il s'agissait jadis, semble-t-il, d'un aliment de carême[1].

Certains lui attribuent, en outre, des vertus médicinales : en URSS, on l'a entendu recommandé, y compris par des médecins, comme fortifiant pour les enfants fragiles (une fonction qui rappelle celle de l'huile de foie de morue de jadis...).

La tomate, de son côté, est économiquement plus accessible et fait partie des aliments courants, sinon banals. Ses usages sont innombrables et quotidiens. Pour autant, sa charge imaginaire n'est pas moins riche : elle est évocatrice de fraîcheur, de légèreté, de soleil et d'été méditerranéen (même si elle provient probablement de serres bretonnes ou hollandaises). Idéalement, elle est à la fois humble et savoureuse et on peut prédire qu'elle figurera volontiers dans le frugal et solitaire repas d'une jeune citadine active, soucieuse de sa minceur et nostalgique de ses dernières vacances italiennes.

_____

(1) Au XVIIᵉ siècle, pour les fidèles de l'Église grecque, d'après Louis Flandrin (communication personnelle).

Claude Fischler, L'*h*omnivore, © éd. O. Jacob, 1990

a) Lisez attentivement le texte et **distinguez-en les deux parties**. Donnez-leur un titre.

....

....

b) Recherchez les mots ou expressions qui montrent **les modes de vie** symbolisés par les mots *caviar* et *tomate*.

caviar	tomate
....	....
....	....
....	....
....	....

c) Dites, en une phrase, **ce qui caractérise le caviar.**

....

....

d) Dites, en une phrase, **ce qui caractérise la tomate.**

....

....

(Vous utiliserez le champ lexical.)

3

FONTAINES ET PORTEURS D'EAU AU XIXe SIÈCLE

«Il y avait plusieurs points d'eau classiques. Dans les grandes villes, on prélevait une partie de l'eau directement dans les fleuves. La Tamise avait beau être noire
5 comme de l'encre, on y puisait tout de même au gré des besoins.» Les fontaines publiques étaient l'autre grand point d'approvisionnement. Dans toute l'Europe, elles étaient un lieu de vie et de sociabilité
10 essentiel. «À Paris, on faisait la queue à la célèbre fontaine de la Samaritaine, ou place Saint-Sulpice. Mais la fontaine la plus réputée était celle de Passy ; l'eau surgissait naturellement du sous-sol et sa qualité était
15 supérieure à la moyenne, croyait-on.» Mais, «hormis les fontaines publiques, il n'y avait pas d'eau gratuite, rappelle Jean-Pierre Goubert. L'eau appartenait toujours à quelqu'un, au seigneur du lieu».
20 «Au XIXe siècle, partout en Europe, explique-t-il, les besoins en eau étaient à peu près les mêmes. Une vingtaine de litres par personne et par jour, dont sept pour boire, cuisiner et entretenir son corps. Le
25 reste était employé pour le ménage et les industries diverses.» À Paris, capitale européenne de l'eau et de l'assainissement, la demande progressa, d'une dizaine de litres à la veille de la Révolution, à cent vingt
30 litres en 1890.

Son prix, assez élevé, freina longtemps les progrès de l'hygiène. Un bain valait environ un franc, soit le tiers d'une journée de travail. «Un porteur d'eau chauffait l'eau
35 sur la voie publique. Puis, il la montait à l'étage, pour un prix proportionnel à la hauteur des escaliers. La baignoire, faite de toile pour éviter les échardes, était également louée. Bien entendu, on se baignait
40 tout habillé. À la rigueur, on diluait de grosses quantités de sel dans l'eau pour ne pas voir son corps : la nudité était un péché.» Jusqu'à la domestication de l'eau, on se lavait peu. «Dans les milieux popu-
45 laires, on était persuadé que la saleté protégeait des maladies. Quant aux couches plus évoluées, elles couvraient les mauvaises odeurs en s'aspergeant d'eau de Cologne, qui avait également pour vertu de tuer cer-
50 tains microbes.»

Hervé Deguine, «Sauver l'eau», © *Libération*, numéro hors série, juin 1992

a) Relevez dans le texte **le vocabulaire qui se rapporte à l'eau.**

Groupes nominaux (7)	Verbes (8)	Noms propres (4)
....	....	....
....	....	....
....	....	....
....	....	....
....	....	....
....	....	
....	....	
	....	

b) Relevez aussi le vocabulaire (mots ou expressions) qui montre **le caractère précieux de l'eau** (lignes 31 à 39).

....

....

c) Exprimez en une phrase l'idée contenue dans le texte.

....

....

4

Le hamburger n'a pas encore détrôné le jambon-beurre

POUR LE REPAS sur le pouce, le hamburger n'a pas encore détrôné le sandwich. En France, le fast-food n'a jamais tout à fait réussi à coïncider avec l'objectif de cette formule apparue à la fin des années 70 dans l'Hexagone. Chez Quick, Burger King ou Mac Donald's, le consommateur français, plus souvent accompagné que seul, ne se laisse pas brusquer. Ici, manger, c'est sacré.

«Malgré son nom, le fast-food répond à une clientèle qui s'accorde une certaine durée pour manger mais qui fuit les conventions du repas traditionnel au restaurant», résume le Credoc (Centre de recherche pour l'étude et l'observation des conditions de vie). Le hamburger, en effet, détient une «connotation festive, qui le destine le plus souvent aux repas de loisirs». Appréciant d'être libre d'aller et venir, de ne pas dépendre d'un serveur... et de manger avec ses doigts, la clientèle française de la restauration rapide est particulièrement présente durant le week-end et en soirée.

Entre copains pour un repas rapide avant la séance de cinéma du samedi soir, en famille les mercredi et samedi midi (ou le vendredi soir avec les derniers tickets restaurant) : 25 % des repas fast-food sont consommés en soirée ou durant le week-end. *«En fait, ces repas s'apparentent beaucoup à ceux pris dans les cafétérias ou les self-services*, résume Pascale Hébel, auteur du rapport. *On s'installe pour 38 minutes en moyenne, soit aussi longtemps que dans un restaurant d'entreprise, et davantage que dans un restaurant universitaire.»*

Un rituel minimal

Si la vente à emporter fait moins d'adeptes qu'ailleurs – elle ne représente que 40 % des ventes chez Quick, 50 % chez Mac Donald's – c'est que *«le Français prend son repas à cœur*, constate Pascal Eisnitz, le directeur en France de KFC (Kentucky fried chicken). *Ce moment reste sacré pour lui, on arrête toute activité, même si c'est seulement pendant un quart d'heure.»* Certes, on constate chez Mac Donald's une forte poussée des ventes à emporter, qui ne représentaient que 30 % des achats il y a cinq ans, mais les modes de vie semblent évoluer lentement.

«On a sans doute parlé un peu trop rapidement de grignotage et de destructuration des repas, commente le sociologue Claude Fischler, chargé de recherche au CNRS. *Contrairement à ce qui se passe aux États-Unis, il y a en France un rituel minimal, un temps spécifique pour l'alimentation»*, dont témoignent d'ailleurs les «pointes» horaires très traditionnelles (12 h-14 h, 19 h30-21 h30) que connaissent les fast-food. *«Sans doute est-ce parce que la nourriture est liée chez nous à la notion de plaisir, de convivialité*, ajoute M. Fischler, *et non à celle de santé, comme dans les pays scandinaves ou en Grande-Bretagne.»*

Pas question de ne proposer que des comptoirs où l'on s'accoude pour manger debout. En Angleterre ou en Allemagne, les restaurants *Kentucky fried chicken* (KFC) n'offrent qu'une trentaine de places assises, contre 110 à 250 dans les quatre KFC français. *«Du coup, les fast-food doivent être plus spacieux et* décorés avec plus de soin, ce qui *se répercute nécessairement sur le prix des hamburgers, deux fois plus élevé qu'aux États-Unis»*, reconnaît Pascal Eisnitz.

Toutes les chaînes de restauration rapide déclinent leur offre en France sur un mode «convivial», proposant des repas plus complets avec un grand choix de desserts, des menus de groupe, des espaces de jeu et des gadgets pour les enfants. *«Partout dans le monde, Mac Donald's se présente comme le restaurant de la famille*, explique Jean-Pierre Petit, directeur marketing du géant américain dans l'Hexagone. *Mais le concept est radicalisé sur le marché français.»*

Pour le grignotage utilitaire du midi, sandwichs, viennoiseries, quiches, parts de pizza feront donc l'affaire. *«Tout simplement parce qu'il est beaucoup plus facile de manger un sandwich dans la rue tout en continuant à faire ses courses, qu'un hamburger qui vous dégouline toujours dessus»*, souligne Bernard Vaillant, directeur général de Pomme de pain.

Du coup, selon Pascale Hébel, *«le fast-food n'a pas gagné en France autant de terrain qu'on aurait pu s'y attendre»*. Malgré la progression régulière des fast-foods en nombre de repas servis, les français de quinze ans et plus ne seraient ainsi que 5 % à consommer des hamburgers dans la semaine. Les chaînes de sandwicheries-viennoiseries (Pomme de pain, La brioche dorée, La croissanterie...), qui jouent la carte de la restauration rapide «à la française», n'ont pas encore perdu la bataille du midi pressé.

Pascale Krémer

«La restauration hors foyer en 1994», © *Credoc* (rapport numéro 154), DR

a) Lisez attentivement le texte.

b) Relevez dans le texte **le champ lexical de la nourriture**. Ne vous limitez pas aux mots français.

Verbes (2)

....

....

Mots ou expressions traduisant la façon de manger (7)

....

....

....

....

Lieux où l'on mange (9)

....

....

....

....

....

Plats (4)

....

....

....

....

c) Relevez des mots ou phrases qui caractérisent **le comportement français devant la nourriture**.

....

....

....

....

d) En utilisant des mots du champ lexical, **dites en une ou deux phrases** quelle est **l'idée** essentielle du texte.

3
LES MOTS DE LIAISON
OU ARTICULATEURS

Les mots de liaison – appelés aussi connecteurs – parfois immédiatement visibles lorsqu'ils se trouvent en début de paragraphe, vous permettent de saisir l'enchaînement chronologique et logique des idées du texte. Ils vous seront très utiles au moment de la rédaction.

Ce sont :
- des conjonctions de coordination : *donc, et, mais, or...*
- des conjonctions de subordination : *comme, quand, que, puisque...*
- des locutions adverbiales : *en vain, tout de suite, tout à fait...*
- des locutions conjonctives : *cependant que, alors que, bien que...*
- des prépositions : *à, après, avant, avec, outre, depuis, excepté, malgré...*
- des locutions prépositives : *au contraire de, à la faveur de, auprès de, jusqu'à...*

Ces mots, très nombreux, expriment des valeurs différentes : valeur temporelle, consécutive, concessive, causale ou additive.

a) Valeur temporelle (temps)
au même moment, au moment de, au moment où, au début, après, d'abord, dès lors, enfin, ensuite, en premier lieu, en second lieu, lorsque, quand...

Ex. : *Elle a **d'abord** appris l'anglais et **dès lors** elle a pu trouver du travail à Londres.*

b) Valeur consécutive (conséquence)
ainsi, alors, de ce fait, c'est pourquoi, d'ailleurs, de telle sorte que, donc, en conséquence, par suite de, par conséquent, si bien que, voilà pourquoi, aussi (en tête de phrase ou de proposition...)

Ex. : *Le compte rendu est un exercice difficile ; **par conséquent**, il faut s'y entraîner.*

c) Valeur concessive (opposition, restriction)
au contraire, bien que, cependant, en dépit de, en revanche, mais, malgré, néanmoins, par contre, pourtant, quoique, toutefois... et l'expression corrélative : *avoir beau*

Ex. : *Il y a des lois qui protègent les forêts **mais** elles sont peu respectées.*
***On a beau** faire des lois pour protéger les forêts, elles ne sont pas respectées.*

d) La valeur causale (cause)
car, à cause de, en effet, étant donné, étant donné que, en raison de, parce que, par suite de, puisque, vu, vu que...

Ex. : ***Étant donné** son état de santé, il n'a pu faire le long voyage prévu **puisque** le médecin lui avait interdit tout déplacement.*

c) Valeur additive (ils servent à additionner des éléments)
de plus, en outre, en plus, et, surtout...

Ex. : *Ils ont beaucoup de dépenses à faire, **surtout** avec leur déménagement le mois prochain.*

EXERCICES

1 **Entraînement sur des phrases**
Dans les phrases suivantes, apprenez à reconnaître les mots de liaison, leur valeur (cause, conséquence, etc.) **Trouvez-leur un ou plusieurs équivalents et réécrivez chaque phrase.** Changez-en la construction si nécessaire.
Ex. : *D'abord, j'ai appris l'italien parce que cette langue ressemble beaucoup au français.*
D'abord = temps, *parce que* = cause.
En premier lieu, j'ai appris l'italien étant donné que cette langue ressemble beaucoup au français.

a) En dépit de sa fatigue, elle a accepté un travail difficile.

....

b) Au moment où j'ai ressorti ce dossier délicat, j'ai trouvé beaucoup de compréhension chez mes interlocuteurs.

....

c) Il y a toujours un temps de réflexion avant de prendre des décisions importantes.

....

d) Ce pays est très pauvre et il est en outre victime de la sécheresse.

....

e) C'est sûrement après les résultats négatifs de ses examens qu'il a tellement changé.

....

f) Ils n'ont pas assisté à la réunion de leur syndicat vu qu'ils n'étaient pas d'accord avec son représentant.

....

2 **Entraînement sur un texte**

Les lois qui punissaient l'adultère dans l'Antiquité

Pour comprendre les lois qui punissaient l'adultère, il faut en effet ne pas perdre de vue ce qui était la finalité du mariage : assurer la descendance, et par conséquent la continuité de la famille au sein de la cité. De ce fait, du côté du mari, le seul adultère répréhensible
5 était celui qu'il commettait avec l'épouse légitime d'un autre Athénien, et parce que, ce faisant, il lésait un autre citoyen. En revanche, la loi garantissait ses enfants légitimes contre ceux qu'il pouvait avoir avec sa ou ses concubines. Dès lors, la présence de celles-ci ne représentait en rien un danger.

Claude Mossé, *La Femme dans la Grèce antique,* © éd. Albin Michel

Lisez attentivement le texte ci-dessus, **relevez les mots de liaison,** dites quelle est leur valeur puis essayez de leur trouver un équivalent.

Mots de liaison (5)		Valeur		Équivalent
....	→	....	→	....
....	→	....	→	....
....	→	....	→	....
....	→	....	→	....
....	→	....	→	....

3 Entraînement sur un texte

LA DOULEUR

L'EXPRESS : Pourquoi, selon vous, la douleur est-elle encore si mal traitée en France ? Est-ce la faute des médecins ?

DR VINCENT FOUQUES-DUPARC : C'est ..... le dialogue médecin-malade est faussé. Le patient ne parle pas et le praticien n'entend donc pas. ...., la personne souffrante est victime d'un handicap sémantique : elle n'a pas assez de mots pour exprimer sa douleur. Quand elle dit : «J'ai mal», il s'agit d'une indication non graduée qui ne permet pas d'évaluer la véritable intensité du mal. De son côté, le médecin a parfois tendance à minimiser, voire à nier la douleur exprimée, en fonction de ses propres certitudes. ...., il a l'habitude d'ordonner. Il faut .... lui inculquer la compassion. Concernant les douleurs aiguës, le généraliste est en première ligne. ...., les soins palliatifs et l'assistance aux cancéreux sont du ressort de médecins et de personnels infirmiers formés à cette tâche.

© *L'Express*, 09-05-1996

Lisez attentivement le texte ci-dessus. Nous avons enlevé les cinq mots de liaison/articulateurs. **Retrouvez-les et dites** à quelle catégorie ils appartiennent puis essayez de leur trouver un équivalent.

Mots de liaison		Valeur		Équivalent
....	→	....	→	....
....	→	....	→	....
....	→	....	→	....
....	→	....	→	....
....	→	....	→	....

4
LA PONCTUATION

RÔLE ET DÉFINITION

Pour bien comprendre l'enchaînement des mots, des groupes de mots, des propositions et des phrases d'un texte, il est indispensable de bien connaître les signes de ponctuation en usage dans une langue et la valeur de ces différents signes.

Ils ont une valeur rythmique et syntaxique et rendent compte, à l'écrit, de la modalité du discours. Ils permettent aussi de saisir les réactions de l'auteur (réticences, sous-entendus, etc.)

Dans l'exercice du résumé, du compte rendu ou de la synthèse, l'usage de la ponctuation est non seulement utile pour éclairer le sens mais aussi pour limiter le nombre de mots.
Un signe de ponctuation peut remplacer un terme coordonnant ou subordonnant.

Nous vous rappelons ci-dessous les signes de ponctuation de la langue française et nous vous proposons pour chacun d'eux :
- une définition,
- un exemple,
- des exercices d'entraînement.

1. LE POINT (.)

Il signifie l'arrêt du discours, même si cet arrêt est de courte durée. Il marque la fin d'une phrase.

> Mon chat lève vers moi son visage énigmatique.
> Il ferme lentement ses yeux d'or et ne dit mot.

Michel Tournier, «Le chat et la tortue», *Petites Proses*, © éd. Gallimard

2. LA VIRGULE (,)

Elle transpose à l'écrit la courte pause qui sépare des termes ou des propositions dans une phrase (1), notamment lorsqu'ils sont de même nature et non unis par une conjonction de coordination (2).

(1)
> Pendant les guerres de l'Empire, tandis que les maris et les frères étaient en Allemagne, les mères inquiètes avaient mis au monde une génération ardente, pâle, nerveuse.

Alfred de Musset

(2)
> Quel que soit son nom : *élan, gazelle, oryx, impala,* l'antilope comme la biche évoque la finesse, la grâce, l'élégance et la vélocité.

Le Questionnaire animalier

3. LE POINT-VIRGULE (;)

Il joue le même rôle de coordination que la virgule mais, au lieu de coordonner des mots, il coordonne des propositions de même nature. Il n'a, parfois, qu'une valeur de pause.

> Le chimpanzé est rieur, susceptible, vaniteux ; il a plaisir à danser, à se vêtir ; il aime l'applaudissement ; il est capable de sympathie, de gratitude, voire d'amitié. D'après Yerkes, il est surtout affectueux et intelligent dans sa jeunesse. Passé l'âge de la puberté, il devient inactif et sérieux ; il ne sait plus jouer. À vingt ans, il est rassis autant qu'un académicien.

Jean Rostand, *L'Homme*, © éd. Gallimard

Remarque : Si le point-virgule est toujours en usage dans les textes littéraires, il se fait très rare dans les textes journalistiques.

4. LES PARENTHÈSES ( ) ET LES TIRETS – –

Les parenthèses encadrent, dans la phrase, un élément isolé, une remarque, une annexe, etc.

> Une petite fille (de sept à huit ans) s'approcha de l'estrade.
> Le loup (il était affamé) s'approcha du troupeau.

Les tirets remplissent le même rôle que les parenthèses.

> Le loup – il était affamé – s'approcha du troupeau.

Dans un dialogue, les tirets marquent en outre le changement d'interlocuteur.

> «Qui frappe à notre porte ?
> - C'est votre mère, la chèvre
> - Montrez donc patte blanche...»

5. LE POINT D'INTERROGATION (?)

Il termine toute phrase interrogative en style direct.

> - Quelle relation entretenez-vous avec les dirigeants syndicaux ?

Il n'implique pas forcément de réponse. L'auteur peut se poser la question à lui-même ou la poser à son lecteur.

> En quoi les familles d'autrefois différaient-elles et en quoi ressemblaient-elles à celles d'aujourd'hui ? Que sait-on de précis sur leur taille ? Sur l'âge et les liens de parenté de ceux qui les composaient ? Sur les relations des époux ? Sur l'attitude des parents envers leurs enfants ? Sur le rôle de la famille dans l'éducation ?

Jean-Louis Flandrin, *Familles, maisons, sexualité dans l'ancienne société,*
© éd. du Seuil, 1984

6. LE POINT D'EXCLAMATION (!)

Il suit les interjections : *Oh ! Ah ! Hélas ! Enfin !...*
Il traduit l'affectivité de l'auteur : surprise, indignation, colère, admiration, révolte, etc.

> Pour un chat, un voyage est une catastrophe irrémédiable. Un déménagement, c'est la fin du monde. Comme je comprends bien la leçon de sédentarité absolue qu'il me donne jour et nuit ! Quelle fascination exerce sur moi son enracinement total ici-même !

Michel Tournier, «Le chat et la tortue», *Petites Proses*, © éd. Gallimard

7. LES POINTS DE SUSPENSION (...)

Ils marquent l'abréviation du discours (suppression, interruption ou sous-entendu).

> Et on aurait pu ajouter que les études, c'est comme l'eau pure ; on l'apprécie quand on est dans le désert. Et combien, parmi les défavorisés de la société, m'ont dit : «Et pourtant, j'étais doué. Ah ! Si on m'avait fait faire des études»...

R. Sabatier, *Le Journal du dimanche*

8. LES CROCHETS ([ ])

Dans les citations, on les utilise pour indiquer qu'on a supprimé un passage du texte original ou pour figurer des mots ou des phrases qui ne figurent pas dans le texte original.

> La lune était levée. La fusée se tenait, grande et argentée, au milieu du chantier. Elle reflétait la blancheur de la lune et le bleu des étoiles. Bodoni la contemplait et l'aimait. [...]

Ray Bradbury, *L'Homme illustré*

9. LES DEUX POINTS (:)

Ils servent à annoncer une explication, à introduire l'expression de la cause, de la concession, l'opposition ou de la conséquence, à annoncer une énumération, un ou plusieurs exemples.

énumération :

> Pour les filles encore, tous les jouets transposant les scènes de la vie quotidienne des adultes rencontrent un grand succès : l'étal de la marchande, la cuisine tout équipée, le Caddie de l'acheteuse... sont autant de prétextes à cadeaux.

explication :

> La colonisation danoise a peut-être des défauts ; du moins les Groenlandais lui doivent-ils cette chose essentielle : d'exister. *(A. de Cayeux)*

cause :

> Le dimanche, il faisait comme les autres jours et il ne s'en plaignait pas : c'était son métier. *(M. Aymé)*

concession :

> Vous êtes homme de bien, vous ne songez ni à plaire ni à déplaire aux favoris, uniquement attaché à votre maître et à votre devoir : vous êtes perdu. *(La Bruyère)*

opposition :

> Non, la terre n'est pas couverte d'arbres, de pierres, de fleuves : elle est couverte d'hommes. *(Jean Tardieu)*

conséquence :

> Tu sais médire et je sais boire :
> Nous ne manquerons point d'amis.
> *(La Fontaine)*

Attention : Une ponctuation adéquate permet d'éviter certaines ambiguïtés.
Soit la phrase : *Hélène vient nous voir quelquefois, le samedi, dans l'après-midi, nous allons au cinéma.* Seul un point-virgule après *quelquefois* peut exprimer que *le samedi* se rapporte à ce qui suit et non à ce qui précède.

10. LES GUILLEMETS (« »)

Ils se mettent de part et d'autre de paroles rapportées au discours direct (1) ou d'une citation. Ils peuvent aussi donner un sens particulier à un mot ou une expression. C'est le cas du mot «sage» dans l'exemple (2).

(1)
> *«Barbie et Nintendo sont comme un impôt. On n'a pas le choix»,* explique Jean-Luc Colona d'Istria, directeur général de Bien-Joué, une entreprise de vente.

(2)
> **Une réponse médicale plutôt que pénale**
> Les «sages» concluent à la nécessité d'*«une réglementation qui, d'un côté, permette un contrôle des produits et de l'accès au produits, dans l'intérêt de la santé publique, et qui, d'autre part, sanctionne de manière proportionnée l'abus et le tort fait à autrui».*

EXERCICES

1

> Si les historiens commencent aujourd'hui à parler de la famille, c'est peut-être que les problèmes de la vie privée ont envahi l'actualité ; que les droits et les devoirs respectifs du mari et de la femme,
> 5 leur autorité sur leurs enfants, les possibilités du divorce, de la contraception ou de l'avortement sont devenus des affaires d'État.
>
> J.-L. Flandrin, *Familles, maison, sexualité dans l'ancienne société*, © éd. du Seuil, 1984

Dans le texte ci-dessus, **quel est le rôle et la valeur** des signes de ponctuation suivants :

Ligne 3 - le point-virgule : ....

Lignes 4, 5 - les virgules : ....

Ligne 6 - la virgule : ....

2 Faites le même exercice pour le texte suivant :

> L'autorité d'un roi sur ses sujets, celle d'un père sur ses enfants était de même nature, nous le verrons : ni l'une ni l'autre n'étaient contractuelles ; l'une et l'autre étaient considérées 5 comme «naturelles».
>
> *Ibid.*

Ligne 1 - la virgule : ....

Ligne 3 - les deux-points : ....

Ligne 4 - le point virgule : ....

3 Exercez-vous à ponctuer un texte.

Nous avons supprimé la ponctuation dans les textes suivants. Rétablissez-la en choisissant les signes adéquats.

(1)

> Des grappes humaines sont suspendues aux portes ☐ aux pare-chocs ☐ à la galerie ☐ Je m'écrie ☐ Mais c'est affreux ☐ Mais il doit y avoir des morts ☐ Un passant qui m'a entendu me répond ☐ Oh ☐ Monsieur s'il n'y avait que des morts ☐ Mais c'est qu'il y a aussi quelquefois des naissances ☐ ☐

Michel Tournier, «Le Caire», *Petites Proses*, © éd. Gallimard

(2)

> Le destin collectif s'apparente au destin individuel ☐ chacun de nous est à la fois continuité et changement ☐ D'enfant ☐ l'homme devient adulte puis vieillard sans cesser d'être lui-même ☐ Par moments ☐ il se sent vieillir ☐ il y a la puberté ☐ le premier cheveu blanc ☐ la première fausse dent ☐ la première paire de lunettes ☐ Mais les rides se creusent insensiblement et l'usure est insidieuse ☐

André Fontaine, *La France au bois dormant*, DR

(3)

> «Vous ☐ la lectrice de Michelet ☐ tâchez de me dire comment vous iriez ☐ en bateau ☐ d'Amiens à Marseille ou je vous flanque un 2 dont vous me direz des nouvelles ☐
>
> – Partie d'Amiens en m'embarquant sur la Somme ☐ [...] j'arrive à Marseille ☐ seulement au bout d'un temps qui varie entre six mois et deux ans ☐
>
> – Ça c'est pas votre affaire ☐ Système orographique[1] de la Russie ☐ et vivement ☐
>
> (Heu ☐ je ne peux pas dire que je brille particulièrement par la connaissance du système orographique de la Russie ☐ mais je m'en tire à peu près ☐ sauf quelques lacunes qui semblent regrettables à l'examinateur ☐)
>
> – Et les Balkans ☐ vous les supprimez alors ☐
>
> [...]
>
> – Que non pas ☐ Monsieur ☐ je les gardais pour la bonne bouche ☐
>
> – C'est bon ☐ allez-vous-en ☐ »
>
> ─────
> 1. Orographie : description des montagnes

Colette W., *Claudine à l'école*, © éd. Albin Michel

3

ENTRAÎNEMENT AU RÉSUMÉ ET AU COMPTE RENDU (II)
Techniques de réduction et de rédaction

1
TRANSFORMATION DE STRUCTURES COMPLEXES

Pour bien rédiger un résumé, ou un compte rendu, il faut savoir condenser le texte initial, économiser et transformer les mots ou expressions, alléger les phrases longues.

Quelques techniques vont vous aider dans ce travail. N'oubliez pas que vous devez être clair(e)s, précis(es) et fidèle(s) au texte.

TRANSFORMATION DE SUBORDONNÉES PAR DES GROUPES NOMINAUX

*Ex. : Le professeur a demandé aux élèves **qui faisaient partie de l'équipe de football** du lycée d'Orléans de rédiger un compte rendu du match **qu'ils avaient disputé** et qu'ils **avaient gagné** contre l'équipe du lycée de Bordeaux.*

L'emploi du nom et du participe nous permet ici de supprimer trois propositions relatives :

⇨ *Le professeur a demandé aux élèves **membres de l'équipe de football** du lycée d'Orléans de rédiger un compte rendu du match **disputé** et **gagné** contre l'équipe du lycée de Bordeaux.*

EXERCICES

> **M**ichel Butor ressemble aux maisons qu'il habite, et plus encore aux noms qu'il leur donne. Nichée au fond d'une impasse, sa demeure de Lucinges, qui domine le lac de Genève sur les contre-
> 5 forts savoyards, porte joliment le sien : «À l'écart». La précédente, à Nice, il l'avait baptisée : «Aux Antipodes», et l'on se sentait une âme d'explorateur rien qu'en rédigeant son adresse postale : Michel Butor, Aux Antipodes, chemin de Terra Amata.

© *Le Nouvel Observateur,* 17-23 octobre 1996

Dans le texte ci-dessus, **remplacez les propositions relatives ou conjonctives par des groupes nominaux, des participes présents ou gérondifs.**

1. ....

2. ....

3. ....

2

LE RÊVE ET LA MUSIQUE

Beaucoup de gens parlent des jeunes. La jeunesse est un sujet d'inquiétude, d'indignation, de curiosité. Tout le monde en parle, sauf les jeunes. **Je leur ai suggéré d'écrire un livre en groupe sur eux, sur ce qu'ils aiment, ce qu'ils veulent.** S'ils faisaient cela ils auraient un but. Ils sont
5 capables de rester des après-midi entiers à ne rien faire. Ils ne parlent pas vraiment, ils écoutent la musique, toujours les mêmes disques. Ils rêvent...
Ils rêvent en écoutant la musique... **Dans le tintinmarre qui crève le plus souvent les tympans des adultes, il y a des nuances, des variations auxquelles les amateurs de pop sont extrêmement sensibles.** Ils attendent la
10 syncope, la rupture du rythme, les interventions de la batterie, avec passion.
Cette musique est la seule chose qui appartienne absolument à cette génération, elle est leur reflet en même temps que leur tremplin.

Marie Cardinal, *La Clé sur la porte*, © éd. Grasset

Dans le texte ci-dessus, **simplifiez les trois phrases en gras** en utilisant les procédés présentés précédemment.

1 ....

2 ....

....

3 ....

3

FAMILLES, PARENTÉ

Formateur ou informateur du sens civique, l'historien s'est longtemps confiné dans l'étude de la vie publique. **Lors même qu'il entreprenait
5 d'analyser les structures des économies anciennes, les conjonctures, les conflits sociaux, c'était dans une perspective politique.** L'histoire de la vie domestique et de ses institutions était abandonnée aux sociologues et aux juristes.

**Si les historiens commencent aujourd'hui à
10 parler de la famille, c'est peut-être que les problèmes de la vie privée ont envahi l'actualité ; que les droits et les devoirs respectifs du mari et de la femme, leur autorité sur leurs enfants, les possibilités du divorce, de la contraception
15 ou de l'avortement sont devenus des affaires d'État.** Face à une transformation des mœurs chaque jour plus évidente, certains somment en effet l'État de préserver la morale traditionnelle, d'autres d'accélérer les évolutions «nécessaires»,
20 tandis que d'autres encore tentent d'en faire une machine de guerre contre le pouvoir politique. Comment un historien attentif aux conflits politiques de son temps pourrait-il donc se désintéresser de la «vie privée» de nos ancêtres ?

25 **D'autant qu'à y regarder de près la distinction du privé et du public, fondamentale dans nos sociétés libérales, est peu pertinente pour l'analyse des sociétés monarchiques.** L'institution familiale y avait des caractères d'institution
30 publique et les relations de parenté servaient de modèle aux relations sociales et politiques.

L'autorité du roi sur ses sujets, celle d'un père sur ses enfants était de même nature, nous le verrons : ni l'une ni l'autre n'étaient contrac-
35 tuelles ; l'une et l'autre étaient considérées comme «naturelles». Le roi et le père n'avaient de comptes à rendre qu'à Dieu, de leur gouvernement. L'un et l'autre agissaient normalement en fonction des intérêts de leur famille, fût-ce
40 pour le plus grand malheur de leurs sujets ou de leurs enfants. **Comment comprendre les mariages d'autrefois si l'on en fait une affaire purement privée, n'intéressant que le bonheur des conjoints !**

Jean-Louis Flandrin, *Famille, parenté, maison et sexualité dans l'ancienne société*, © éd. du Seuil, 1984

Lisez attentivement le texte ci-dessus, **restructurez et simplifiez les cinq phrases en gras** en évitant la subordination. Vous aurez recours aux mêmes procédés que pour les exercices 1 et 2.
1. *(Lors même... perspective politique.)*

....

....

2. *(Si les historiens... des affaires d'État.)*

....

....

....

3. *(Face à une transformation... pouvoir politique.)*

....

....

....

4. *(D'autant qu'à y regarder... monarchiques.)*

....

....

....

5. *(Comment comprendre... des conjoints !)*

....

....

4 Lisez attentivement le texte ci-dessous puis **élaguez-le, allégez-le, condensez-le.**

Hommage à Jean Rostand

Un savant, quand il écrit bien, écrit mieux que personne. Car la science « est un langage bien fait ». Elle accoutume ses fidèles à définir les mots, à les employer avec rigueur, à élaguer les adjectifs morts. Les savants qui écrivent mal sont ceux qui
5 pensent mal. Chez ceux-là, l'étrangeté du jargon marque la pauvreté des connaissances. Jean Rostand, comme Pascal ou Claude Bernard, comme Thomas Huxley ou Bertrand Russel, est à la fois un savant qu'estiment les savants et un écrivain qu'admirent les écrivains.

A. Maurois, *Jean Rostand : instruire sur l'homme,* © la Diane française

a) **Élaguer** (s'interdire toute répétition d'une même idée).
Quelle phrase peut être supprimée parce qu'elle est un commentaire – superflu pour la compréhension de l'ensemble – d'une phrase qui la précède ?

....

....

b) **Alléger** (trouver la structure syntaxique minimum pour exprimer certaines idées du texte qui sont rendues par des effets stylistiques ou rhétoriques).
Réécrivez la phrase : *Jean Rostand... écrivain.* (lignes 6 à 8)

....

....

c) **Condenser** (trouver le mot ou l'expression qui rend compte, avec concision et sans trahir le texte, d'une énumération ou d'un développement abondant).
Réécrivez les lignes 6 et 7 en remplaçant la série de noms propres par un seul mot.

....

....

5 Transformation et modification de phrases grâce à la ponctuation.
Ex. : *Ce que je n'ai pu supporter, c'est l'idée que mes parents m'aient menti.*
→ *Mes parents m'avaient menti : je n'ai pu supporter cette idée.*

Voici un bref extrait des *Lettres persanes* de Montesquieu. **Réécrivez-le en supprimant, le plus possible, les marques de subordination.**

> Le grand tort qu'ont les journalistes, c'est qu'ils ne parlent que des livres nouveaux ; comme si la vérité était jamais nouvelle. Il me semble que, jusques à ce qu'un homme ait lu tous les livres anciens, il n'a aucune raison de préférer les nouveaux.
> 5 [...] Ils n'ont garde de critiquer les livres dont ils font les extraits, quelque raison qu'ils en aient ; et, en effet, quel est l'homme assez hardi pour vouloir se faire dix ou douze ennemis tous les mois ?

1ère phrase : ....

....

2e phrase : ....

....

3e phrase : ....

....

2
RÉDUCTION GUIDÉE D'UN PARAGRAPHE

Objectif : réduction d'un paragraphe à partir d'une réduction guidée.

DOC

> Il est probable que **les chevaliers d'autrefois**, impulsifs, **habitués à la guerre et aux duels** et qui se jetaient à corps perdu dans les mêlées, **étaient moins conscients que les soldats du XXᵉ siècle des dangers** du combat, et donc moins accessibles à la peur. À notre époque, en
> 5 tout cas, la peur devant l'ennemi est devenue la règle. **De sondages** effectués dans l'armée américaine en Tunisie et dans le Pacifique au cours de la Seconde Guerre mondiale, **il ressort que 1 %** seulement **déclara n'avoir jamais eu peur. D'autres sondages** réalisés chez les aviateurs américains pendant le même conflit et, auparavant, chez les
> 10 volontaires de l'Abraham Lincoln Brigade lors de la guerre civile espagnole, **ont donné des résultats comparables.**

Jean Delumeau, *La Peur en Occident,* © Librairie Arthème Fayard, 1978

a) Lisons attentivement le texte et donnons-lui un titre.
Chevaliers d'autrefois et soldats du XXᵉ siècle.

b) Écrivons, dans la colonne de gauche, les mots et idées-clés et **reformulons-les** dans la colonne de droite.

Mots ou phrases-clés	Reformulation
- *les chevaliers d'autrefois*	
- *habitués à la guerre et aux duels*	→ - entraînés/accoutumés à se battre
- *étaient moins conscients que les soldats du XXᵉ siècle des dangers*	→ - moins sensibles à la peur que les soldats de notre époque/d'aujourd'hui
- *De sondages... il ressort que 1 %... déclara n'avoir jamais eu peur*	→ - (De sondages il ressort que :) 1 % seulement avoua n'avoir pas connu la peur
- *D'autres sondages... ont donné des résultats comparables*	→ - Tous les sondages se recoupent/sont semblables

c) Reformulation
L'exercice consiste à résumer le texte avec les termes de la colonne de droite, en 30 mots environ.

⇨ *Autrefois, les chevaliers **entraînés à se battre**, étaient **moins sensibles à la peur** que les soldats **d'aujourd'hui**. Un pour cent **seulement avoue n'avoir pas connu la peur**. **Tous les sondages** se recoupent.* (34 mots)

Remarque : Dans les exercices qui suivent, vous devez chercher les mots/phrases-clés, les reformuler et rédiger de façon cohérente un court résumé. Limitez-vous à un certain nombre de mots.

EXERCICES

1

OMNIPRÉSENCE DE LA PEUR

«Mer variable où toute crainte abonde.» (Marot, *Complainte* I.)

Dans l'Europe du début des Temps modernes, la peur, camouflée ou manifestée, est présente partout. Il en est ainsi dans toute civilisation mal armée techniquement pour riposter aux multiples agressions d'un environne-
5 ment menaçant. Mais, dans l'univers d'autrefois, il est un espace où l'historien est certain de la rencontrer sans aucun faux-semblant. Cet espace, c'est la mer. Pour quelques-uns, très hardis – les découvreurs de la Renaissance et leurs épigones – la mer a été provocation. Mais,
10 pour le plus grand nombre, elle est restée longtemps dissuasion et par excellence le lieu de la peur.

(100 mots)
Jean Delumeau, *La Peur en Occident, ibid.*

a) Lisez attentivement le texte ci-dessus. **Notez les mots ou groupes de mots-clés** en suivant l'ordre du texte. Notez les lignes où ils se trouvent et trouvez-leur un équivalent.

....
....
....
....

b) Rédigez un résumé en complétant le texte suivant (qui comportera 30 mots environ). Pour certains mots, il y a plusieurs possibilités.

La peur de (........................) est (........................) dans l'Europe des (........................) (........................)

à cause des (........................ / ....) insuffisantes ; on a (........................) (........................ /

........................) (........................ / ....) (........................) de la mer, exception faite de

quelques (........................ / ....) navigateurs.

2

> Quelles sont les forces dont disposa l'Homme pour conquérir l'hégémonie de la planète ?
>
> Elles sont deux : l'intelligence et le sentiment social ou, comme dit Muller, l'astuce et la camaraderie. L'Homme est
> 5 dépourvu de moyens physiques, il n'a ni crocs, ni griffes, ni armure ; il est chétif, inerme et vulnérable. Mais, d'une part, il prime tous ses autres compagnons de vie par la puissance de son cerveau ; d'autre part, il est attiré par ses semblables, il tend à faire groupe avec les autres individus de son espèce,
> 10 et ce sont ces tendances sociales qui, multipliant l'Homme par lui-même, lui ont donné le moyen d'atteindre à de si prodigieux résultats dans le domaine du savoir comme dans celui du pouvoir.

(130 mots)
Jean Rostand, *L'Homme*, © éd. Gallimard

a) Lisez attentivement le texte ci-dessus et **donnez-lui un titre**.

....

b) Repérez les mots ou groupes de mots-clés, en suivant l'ordre du texte et en notant les lignes où ils se trouvent.
Ex. : *l'Homme* (l. 1).

....

....

....

....

c) Repérez aussi les articulateurs et notez-les.

....

....

....

d) Rédigez un bref résumé de ce texte en complétant la phrase ci-dessous. Ce résumé comportera de 35 à 40 mots.

Pour (.......................) le monde, l'homme avait (.......................) (.......................) : son (.......................)

et sa (.......................). S'il n'a pas (.......................) (.......................), il possède un (.......................)

(.......................) et sa (.......................) (.......) (.......................) en groupe a multiplié ses

(.......................) d'adaptation.

3
RÉDUCTION PROGRESSIVE D'UN PARAGRAPHE

Objectifs : Réduire un paragraphe déjà résumé.

DOC

> L'histoire des rapports de l'homme et de la nature comme celle de l'agriculture et de l'alimentation sont peu contées : «Comme vous le savez, dans l'histoire on ne mange pas, et on ne boit pas» (F. Braudel). Réintroduire l'histoire alimentaire 5 dans l'histoire générale nous fournit pourtant un vaste champ de réflexion pour repérer les variables explicatives de l'alimentaire. Mais les explications d'hier valent-elles pour demain ?

(74 mots)
Jean Malassis, *Nourrir les hommes,* © éd. Flammarion

a) Lisons attentivement le texte ci-dessus et donnons-lui un titre.

....

b) Lisons ensuite le résumé que nous vous proposons :

➪ *L'histoire a longtemps ignoré les liens primordiaux entre l'homme et la nature : l'agriculture et la nourriture, notions si utiles pour expliquer l'évolution des habitudes alimentaires dans nos sociétés, tout au moins dans le passé.*

Ce résumé comporte 38 mots, alors que le texte original en a 74.

c) Réduisons-le encore de façon à obtenir un résumé d'une vingtaine de mots.

➪ *L'histoire a longtemps ignoré les rapports homme-agriculture-nourriture, si utiles pour expliquer l'évolution des habitudes alimentaires, notamment dans le passé.* (24 mots)

EXERCICES

1 Réduction de paragraphe. Réduction progressive.

> Les conditions socioculturelles se modifient au cours de l'histoire. Il n'existe pas d'habitudes alimentaires à long terme, comme le prouvent les trois grandes révolutions alimentaires : celle du Néolithique 5 (transfert d'espèces du Moyen-Orient vers la Méditerranée et l'Europe), celle de la «découverte» de l'Amérique et enfin celle liée à la mondialisation de l'économie alimentaire.

(60 mots)
Jean Malassis,
Nourrir les hommes, ibid.

a) Lisez attentivement le texte ci-dessus.

b) Lisez ensuite le résumé que nous vous en proposons.

Les habitudes alimentaires évoluent avec l'histoire : ainsi, le déplacement des hommes du Néolithique vers l'Occident, les voyages vers l'Amérique, l'uniformisation des produits, les ont transformées.

Ce résumé comporte 29 mots, alors que le texte original en a 60.

c) Réduisez-le encore de façon à obtenir un résumé de 15 mots environ.

....

....

2

Médecine

Les dons d'organes pour sauver des vies

"Je veux léguer mon corps à la science. Où en est la médecine face à la grave pénurie des dons d'organes ?"
Mme Joubert, Valence

Depuis les quarante dernières années, la greffe d'organes a été l'une des plus grandes avancées médi-
5 cales qui a permis de guérir des dizaines de milliers de personnes. Elle consiste à sauver la vie d'un être humain en remplaçant l'un de ses organes
10 défaillants par celui d'un autre être humain. La science n'est encore pas parvenue à fabriquer des organes artificiels satisfaisants ou à utiliser des
15 organes animaux», résume le Pr Christian Cabrol, qui, en 1968, fut le premier, en Europe, à réaliser une greffe du cœur*.
20 Le don peut être effectué par une personne vivante lorsqu'il concerne un organe existant en double, comme le rein, ou dont une partie peut être
25 exceptionnellement prélevée chez un parent pour sauver un enfant (greffe partielle du foie). Mais, dans la majorité des cas, les organes sont préle-
30 vés sur des personnes décédées de façon accidentelle. Depuis juillet 1994, le prélèvement n'est possible qu'avec le consentement du défunt
35 (exprimé soit par écrit, soit par son appartenance à une association...), soit par le témoignage de sa famille.

Rein : la plus fréquente
40 des transplantations

Il a été réalisé 1 627 transplantations rénales en 1994. Elles s'adressent à des personnes
45 dont les reins ne peuvent pas fonctionner normalement et qui doivent être dialysées : cette technique permettant l'épuration du sang effectuée à
50 l'extérieur du corps, par le biais d'un rein artificiel, et ce, parfois plusieurs fois par semaine.
D'autre part, chez certains dia-
55 bétiques, qui présentent un dysfonctionnement du pancréas, et de fréquentes lésions rénales, les deux organes déficients peuvent être greffés en même
60 temps.

Cœur : concerne surtout les hommes

L'an dernier, 632 personnes ont bénéficié d'une greffe car-
65 diaque. Ce sont surtout des hommes, de 44 ans en moyenne, souffrant d'une affection grave du myocarde, la tunique musculaire qui assure les contractions
70 du cœur et la circulation du sang. Les greffes cœur-poumons sont pratiquées dans les cas de lésions cardiaques ayant entraîné des atteintes pulmo-
75 naires ou inversement. Des maladies suscitant des lésions pulmonaires seules, comme la mucoviscidose, peuvent bénéficier d'une greffe d'un ou des
80 deux poumons.

Foie : une opération de plus en plus pratiquée

Environ 700 transplantations du foie sont effectuées chaque
85 année. Elles permettent de sauver des adultes souffrant de cirrhose ainsi que des enfants nés avec une malformation des voies biliaires. Dans certaines
90 hépatites graves ou hépatites fulgurantes, entraînant la destruction presque totale du foie, il est possible de greffer une partie d'un foie prélevé chez un
95 donneur vivant, qui, une fois transplantée, «pousse» et peut remplacer le foie détruit.

Nathalie Chanine

* Lire *Le Don de soi* du Pr Christian Cabrol, éd. Hachette, Carrère (1995, 200 p., 120 F).

© *Femme actuelle,* 20/26-11-1995, DR

a) Observez le texte : rubrique, titre, sous-titre, paragraphe entre guillemets. **Quel problème est posé** dans le sous-titre et par qui est-il posé ?

....

b) Après avoir lu le texte, dites :
- quelles en sont les différentes parties ;

....

....

- quels sont les procédés typographiques qui vous permettent de les repérer facilement.

....

....

....

....

c) Résumez en une phrase le contenu de chaque partie.

1ère partie : ....

....

2e partie : ....

....

3e partie : ....

....

4e partie : ....

....

d) Nous vous proposons un résumé de la première partie (lignes 1 à 38) en 90 mots :

⇨ *Depuis quarante ans, les greffes d'organes permettent de sauver de nombreuses vies. Les scientifiques n'ont pas encore trouvé les moyens de fabriquer des organes artificiels satisfaisants. Une personne vivante peut donner un organe qui existe en double (rein, par exemple). Un parent peut même donner une partie de son foie pour sauver son enfant. Le plus souvent, on prélève des organes chez des personnes décédées. Mais, depuis 1994, cela est possible seulement si le défunt a exprimé cette volonté auparavant, par écrit ou par son appartenance à une association.*

e) Réduisez ce résumé à 50 mots environ.

....

....

....

....

....

....

....

....

....

4
RÉDUCTION D'UN TEXTE COURT

Objectifs : ▪ rechercher les différentes parties du texte,
▪ rechercher les synonymes,
▪ relever les mots et idées-clés,
▪ faire un bref résumé.

> Dans la plupart des sociétés primitives – de la Terre de Feu aux glaces arctiques – les enfants indigènes paraissent jouir d'une liberté et d'une immunité qui font l'étonnement et l'admiration des voyageurs et des ethnologues. Il ne faut
> 5 pas se hâter de porter ce trait au bénéfice du «bon sauvage», lequel en éducateur idéal saurait épargner à ses petits les obligations et les sanctions dont nous écrasons les nôtres. La vérité est plus simple et plus radicale. La vérité, c'est que l'enfant primitif ne fait pas partie du corps social. Dans ces
> 10 sociétés, l'initiation – procédé magique pour intégrer instantanément un membre nouveau au groupe – prend son sens le plus complet et même le plus brutal. Car à en juger par la rigueur et la cruauté des épreuves infligées à l'enfant, on dirait qu'on veut lui faire payer en une seule fois les
> 15 longues années d'insouciance et de liberté qu'il vient de vivre.

(126 mots)
Michel Tournier,
Le Vent Paraclet,
© éd. Gallimard

a) Lisons attentivement le texte et donnons-lui un titre :
Enfance et société.

b) Écrivons dans la colonne de gauche les mots et les idées-clés et **reformulons-les** dans la colonne de droite.

Mots ou phrases-clés	Reformulation
PREMIÈRE PARTIE (l. 1 à 7)	
- *sociétés primitives*	→ - sociétés primitives
- *les enfants... paraissent jouir d'une liberté...*	→ - les enfants semblent libres
- *épargner... les sanctions*	→ - à l'abri des punitions
DEUXIÈME PARTIE (l. 8 à la fin)	
- *la vérité est plus simple*	→ - en réalité
- *enfant primitif ne fait pas partie du corps social*	→ - l'enfant primitif n'est pas encore intégré à la société
- *l'initiation*	→ - initier
- *cruauté des épreuves*	→ - dures souffrances

c) Résumons en quelques mots les parties 1 et 2. Ne pas dépasser 15 mots pour la première partie, 25 pour la seconde.
- Première partie (l. 1 à 7) : *Dans les sociétés primitives, les enfants semblent être à l'abri des sanctions.* (13 mots)
- Deuxième partie (l. 8 à 16) : *La réalité, c'est qu'ils ne sont pas encore intégrés à la société adulte où ils rentreront au prix de dures souffrances.* (23 mots)

EXERCICES

1

Pitié pour les veaux !

Deux millions de veaux en France, cinq millions en Europe sont élevés chaque année en batterie. Enfermés, à l'âge de 1 à 2 semaines, dans des sortes de boîtes dont les parois sont en bois plein et le sol en lattes de bois, ils subissent un isolement total, ne peuvent ni se coucher normalement, ni bouger, ne reçoivent qu'une alimentation liquide, déficiente en fer et en fibres. Ce sont des bêtes mal en point, anémiques, incapables de marcher, qu'on mène à l'abattoir après 5 mois... Le but de ce traitement : obtenir une viande «blanche» prisée, paraît-il, par certains consommateurs.

Des associations comme *Protection mondiale des animaux de ferme* (PMAF) lancent actuellement une campagne pour dénoncer ce type d'élevage et exiger sa suppression légale auprès de la Commission européenne. Pour l'aider dans cette entreprise, l'association demande également aux consommateurs français de refuser d'acheter du veau «blanc» élevé en batterie. Une consigne qui, si elle était suivie, accélérerait sans aucun doute l'élimination d'une pratique cruelle et bien inutile.

(177 mots)
© *Bien-Être et santé,* n° 127
décembre 95 - janvier 96

a) Lisez le texte.
- Après la lecture, remplacez le point d'exclamation du titre par une courte explication.

Pitié pour les veaux ....

....

....

- De la même façon, remplacez les points de suspension (l. 17).

Après cinq mois ....

....

....

b) Combien de parties comporte ce texte ? Donnez un titre à chacune d'elles.

....

....

....

....

c) Faites un résumé de ce texte en 45 mots environ.

2

Les agents de Satan :
III - La femme

1. *Une mise en accusation qui remonte loin*

Au début des Temps modernes, en Europe occidentale, antijudaïsme et chasse aux sorcières ont coïncidé. Ce n'est pas un hasard. De même que le Juif, la femme a été alors identifiée comme un dangereux agent de Satan ; et cela
5 non seulement par des hommes d'Église, mais tout autant par des juges laïcs. Ce diagnostic a une longue histoire, mais il a été formulé avec une malveillance particulière – et surtout diffusé comme jamais auparavant grâce à l'imprimerie – par une époque où pourtant l'art, la littérature,
10 la vie de cour et la théologie protestante paraissent conduire à une certaine promotion de la femme. Il nous faut éclairer cette situation complexe et, en outre, suivre sur un nouvel exemple la transformation par la culture dirigeante d'une peur spontanée en une peur réfléchie.

(134 mots)
Jean Delumeau,
La Peur en Occident,
© Librairie Arthème Fayard, 1978

a) Observez les titres et sous-titres du paragraphe ci-dessus. **Que vous apprennent-ils ?**

....

b) Relevez les articulateurs du texte et donnez-en des équivalents.

....

....

....

c) Relevez les mots ou groupes de mots-clés, dans la colonne de gauche et **reformulez** les idées qu'ils expriment, dans la colonne de droite.

Mots ou phrases-clés	Reformulation
.... →	....
.... →	....
.... →	....
.... →	....
.... →	....
.... →	....
.... →	....
.... →	....
.... →	....
.... →	....

.... → ....

.... → ....

.... → ....

.... → ....

.... → ....

.... → ....

.... → ....

.... → ....

.... → ....

.... → ....

d) À l'aide de la reformulation de la colonne de droite, **faites un résumé** de ce paragraphe en 45 mots environ.

....

....

....

....

....

....

....

....

....

4

ENTRAÎNEMENT AU RÉSUMÉ ET AU COMPTE RENDU (III)

1
CONSEILS ET RAPPELS

Que ce soit pour un résumé ou pour un compte rendu, n'oubliez-pas :
- de bien observer le texte,
- de le lire globalement puis très attentivement,
- de repérer les paragraphes et les mots de liaison,
- de repérer le champ lexical,
- de faire deux colonnes pour noter, à gauche, les mots ou phrases-clés du texte et, à droite, leur reformulation,
- de respecter les consignes de réduction (comptabiliser les mots).

2
RÉDUCTION DE TEXTES DE LONGUEUR ET DE DIFFICULTÉ MOYENNES

1. OBSERVONS LE TEXTE

1. Quelles indications donnent le titre ?
Le titre indique que le sujet traité a pour thème les méfaits de la télévision sur les enfants.

2. Quelle est sa nature ?
Il s'agit d'un article de journal : grand titre, présentation du texte en colonnes, article signé.

3. Quelle est sa présentation ?
– En haut, à gauche, un titre de rubrique : *AU FIL DES PAGES / SOCIÉTÉ*
– Nombre de paragraphes : 7, dont 2 très longs.
– À la fin du texte, après la signature de l'auteur, se trouve une référence de livre. L'article doit sans doute parler d'un livre.

4. Quelle est sa typographie ? (caractères, majuscules,...)
Le titre est donné en caractères importants et gras. Une énorme initiale, procédé fréquent dans la presse, marque le début d'article.
Des passages en italique indiquent des citations.

AU FIL DES PAGES/SOCIÉTÉ

La télé dévoreuse d'enfances

Pour habiller un **bambin** récalcitrant, rien de tel, paraît-il, qu'un poste de télévision allumé : **ébloui** par les images, **captivé** par les sons, le rebelle **se laisse faire**, ayant perdu toute envie de bouger. Ce n'est pas la seule utilisation pédagogique du petit écran : **bien des parents** ne lui confient-ils pas chaque jour leur progéniture **«pour avoir la paix»** ?

Pendant des années, Liliane Lurçat, docteur en psychologie, a **enquêté sur l'enfance**. Il était intéressant de connaître ses conclusions à propos de la télévision. On regrettera seulement que son livre n'en soit pas tout à fait un : en glissant, parmi les chapitres, des textes de conférences ou d'articles déjà publiés, elle a pris le risque de se répéter et de dérouter un peu le lecteur non spécialiste. C'est dommage parce que tous les ingrédients étaient réunis pour faire un essai percutant.

L'enfant d'aujourd'hui, explique-t-elle, est **téléspectateur avant d'être écolier**. Le petit écran grignote de plus en plus le temps scolaire. Certains élèves arrivent même en retard le matin parce qu'ils ont voulu *«voir la fin du dessin animé»*. La télé, devenue le nouvel imaginaire collectif, est l'un des principaux sujets d'échanges en cour de récréation. Si elle n'empêche pas d'apprendre à lire, elle **vole du temps à la lecture** et affaiblit le désir de se plonger dans un livre. Autant dire qu'elle porte sa part de responsabilité dans les carences dont on accable l'école. Nombre d'enfants se règlent au rythme de la télévision, quitte à manquer de sommeil. Ils manquent surtout de silence et de rêverie. **Leur temps libre a été annexé par la télévision**, écrit Liliane Lurçat. C'est à *«ces enfants sans enfance, dont les seuls souvenirs seront des séries télévisuelles»* qu'elle dédie son livre.

La télévision a fait de **l'enfant un public**, c'est-à-dire une catégorie bien précise de **consommateurs** auxquels sont destinés des émissions, des bandes dessinées, des jouets, des vêtements... Mais il est aussi un prescripteur d'achats dans sa famille, et c'est pourquoi les spots publicitaires sont souvent taillés à sa mesure. La télé brouille les frontières entre les générations, opérant en quelque sorte une fusion des âges. **L'enfant regarde aussi des émissions pour adultes** – sans compter les cassettes *«interdites»* qu'il suffit d'introduire dans le magnétoscope. Certaines **images de la sexualité** ne peuvent que troubler sa sensibilité et la représentation qu'il se fait du monde. Quant aux **images de violence**, toutes les enquêtes conduites aux États-Unis montrent qu'elles ont une influence sur les jeunes téléspectateurs. On ne s'en inquiète que dans les cas extrêmes, lorsque sont commis des **actes mimétiques** décalquant une fiction présentée sur le petit écran. Mais on ferait mieux de s'intéresser à tous les effets moins visibles des images violentes : soumis à un bombardement émotionnel quotidien, associant peur et plaisir, **l'enfant ne fait pas la distinction entre le réel et l'imaginaire**.

Grandir, c'est partir à la conquête du monde, rencontrer des gens, se heurter à eux. Aujourd'hui, l'enfant connaît une socialisation par les médias, sans contacts directs. Il n'apprend pas le monde avec son corps mais du bout des yeux. **La télévision**, qui n'est pas le monde mais une illusion du monde, **l'éloigne du réel** bien plus qu'elle ne l'en rapproche.

Liliane Lurçat **met en garde les parents** qui abandonnent leur enfant à la télévision. Si personne n'est là pour l'accompagner, l'aider à interpréter, dédramatiser, il s'habitue à la solitude, s'y adapte. Il devient peu à peu quelqu'un d'autre, gagnant *«cette hasardeuse liberté qu'avait autrefois l'enfant de la rue, affronté à de multiples dangers, et tôt sorti de l'enfance»*.

On aimerait lire des études aussi fines sur la télévision et... les personnes âgées. Cette télévision dont ils sont les plus gros consommateurs et qui les violent chaque jour de mille manières en leur présentant une image du monde qui n'a plus rien à voir avec celle de leur enfance.

Robert Solé

* *Le Temps prisonnier*, de Liliane Lurçat, Desclée de Brouwer, 185p., 110F.

(689 mots)
R. Solé, © *Le Monde*, 22-06-1995

2. LECTURE GLOBALE DU TEXTE

1. De quoi le texte rend-il compte ?
Le texte rend compte d'un livre, celui de Liliane Lurçat : *Le Temps prisonnier*.

2. Comporte-t-il des articulateurs ?
Il comporte peu d'articulateurs : *mais* (l. 85).

3. LECTURE ANALYTIQUE - RECHERCHE DES IDÉES

Nous vous donnons le plan de ce premier texte, certains mots ou groupes de mots-clés, certaines idées qu'ils contiennent et leur reformulation, suivant les techniques données précédemment.

Plan du texte et mots ou phrases-clés	Reformulation
PROLOGUE	
PARAGRAPHE 1 (l. 1 à 12)	
- *bambin - ébloui - captivé - se laisse faire*	→ - passivité de l'enfant subjugué par l'écran
- *bien des parents... pour avoir la paix*	→ - cela entraîne la tranquillité des parents
PARAGRAPHE 2 (l. 13 à 27)	
- *Liliane Lurçat, docteur en psychologie, a enquêté sur l'enfance.*	→ - un avis autorisé : l'opinion de la psychologue L. Lurçat
1ère PARTIE	
PARAGRAPHE 3 (l. 28 à 54)	
- *téléspectateur avant d'être écolier*	→ - télé contre école
- *la télé... vole du temps à la lecture*	→ - la télé remplace les activités traditionnelles de l'école
- *leur temps libre annexé par la télévision*	→ - elle rythme le temps libre de l'enfant
- *enfants sans enfance*	→ - enfance volée
2e PARTIE	
PARAGRAPHE 4 (l. 55 à 91)	
- *l' enfant, un public... de consommateurs*	→ - l'enfant livré à la publicité
- *l'enfant regarde aussi des émissions pour adultes*	→ - l'enfant livré aux images sexuelles et violentes des émissions pour adultes
- *images de la sexualité, images de violence*	
- *actes mimétiques*	→ - deux dangers : il imite ce qu'il voit, et il mélange fiction et réalité
- *l'enfant ne fait pas la distinction entre le réel et l'imaginaire*	
3e PARTIE	
PARAGRAPHE 5 (l. 92 à 103)	
- *la télévision... l'éloigne du réel*	→ - fausse image de la société: l'enfant est coupé du monde réel
PARAGRAPHE 6 (l. 104 à 115)	
- *l'auteur met en garde les parents*	→ - rôle de guide des parents

CONCLUSION

PARAGRAPHE 7 (l. 116 à la fin)

- on aimerait voir des études aussi fines sur la télévision et... les personnes âgées	→ - étude à faire sur la télé et les personnes âgées

d) Rédaction

Voici maintenant la dernière étape, la rédaction, pour laquelle nous utiliserons les éléments de la colonne de droite, dans l'ordre, en ce qui concerne le résumé.

I - RÉSUMÉ. Voici le résumé en 150 mots environ.

⇨ *La télévision exerce un pouvoir sur l'enfant, elle le subjugue, le rend passif et assure dans certains cas la «paix» des parents. Dans son livre, la psychologue Liliane Lurçat explique et analyse comment la télévision remplace l'école, l'image la lecture et les séries télévisées la rêverie individuelle. L'enfant devient non seulement un spectateur, mais malheureusement aussi un consommateur assujetti à la publicité, allant jusqu'à dicter son choix à ses parents. Comme l'adulte, il est soumis aux images de sexualité et de violence, qui peuvent l'entraîner parfois sur les chemins de la délinquance. Cependant, le danger le plus grave concerne l'apprentissage social de l'enfant : la télévision l'incite à confondre le monde réel et l'image qu'on lui donne. Le rôle des parents doit être de l'aider à les distinguer.*
Une étude comparable pourrait-être faite sur les rapports entre la télévision et les personnes âgées. (155 mots)

II - COMPTE RENDU (du même texte) en 200 mots environ.

Nous utiliserons aussi les éléments de la colonne de droite, mais plus librement (voir conseils méthodologiques).

⇨ *Dans cet article du Monde, l'auteur analyse un livre – écrit par la psychologue Liliane Lurçat – qui traite des effets nocifs provoqués chez l'enfant par la télévision.*
C'est d'abord l'écolier qui en est victime ; en effet, il passe de plus en plus d'heures devant l'écran, au détriment des activités scolaires. Certes, la télé n'empêche pas d'apprendre à lire mais elle accapare le temps autrefois consacré à la lecture. D'autre part, l'enfant manque de sommeil et il arrive en classe fatigué.
La télé s'attaque aussi à l'enfant en tant que spectateur et consommateur : victime des spots publicitaires attrayants, il exige l'achat de tel ou tel produit. Mais le plus grave est peut-être le fait que, regardant des émissions réservées aux adultes, l'enfant voit des images touchant à la sexualité qui jettent le trouble dans son esprit. Quant aux scènes de violence, il en est inondé et ne fait plus la distinction entre le réel et l'imaginaire.
Liliane Lurçat lance un appel aux parents pour qu'ils ne laissent pas leurs enfants seuls face au petit écran, mais qu'ils les aident à faire la part de la fiction. Le journaliste souhaiterait qu'on s'intéresse aussi aux personnes âgées face à la télévision. (218 mots)

EXERCICES

1

Les trois piliers de la manipulation

La manipulation mentale dans sa période de séduction comme de destruction, s'appuie sur trois piliers : un gourou, un groupe et une doctrine.

Le gourou

5 Séduit, le futur adepte se retrouve en face de la secte. Comme **il est fatigué de porter son sac de doutes,** un homme lui dit gentiment : «Posez-le devant la porte et entrez !»

Cet homme est le gourou. Son nom vient d'un mot sanskrit qui signifie «lourd». Le vrai gourou est une personne «de poids», de
10 confiance, qui ne se prend ni pour un médecin, ni pour un professeur, ni pour un psychanalyste, mais qui s'adresse à l'intériorité de la personne. Le vrai gourou transmet dans le silence et présente une apparence «pareille à la cendre éteinte» ; il n'entend pas être un modèle, ni sauver le monde.

15 **Transplanté dans notre civilisation,** le mot «gourou» a perdu de sa simplicité et pris un sens négatif. Il en est de même de ces plantes hallucinogènes réservées à un usage de cérémonies sacrées lorsqu'elles sont consommées par les Occidentaux et diffusées par un cartel de trafiquants. Le gourou de secte est un **trafiquant de sacré,**
20 de mythes.

Ce fin psychologue détecte chez **le nouvel adepte** son point de fragilité et lui en fait prendre conscience, ce qui est une première libération. Ensuite, il promet le bonheur, **lui laissant entendre** qu'il trouvera bientôt en lui-même les réponses à toutes ses questions.

25 À chacun ses méthodes. En Scientologie, c'est un «test gratuit de personnalité» composé de deux cents questions. Bien que sans aucun fondement scientifique, ce texte démontre toujours à la personne qu'elle est victime de graves problèmes de communication, d'une **inaptitude** au bonheur, et que seule une thérapie pourra l'aider.

30 Le gourou sait panser les blessures narcissiques de l'adepte. Le gourou d'une secte pseudo-protestante répétait à un jeune scientifique que ce dernier était au-dessus des normes, qu'il était «l'ami de Dieu». Il lui annonçait qu'un jour le Seigneur, dans son domaine scientifique, lui révélerait le «chaînon manquant» et que ce chaînon
35 lui permettrait de recevoir le prix Nobel !

Bernard Fillaire, *Les Sectes*, © éd. Flammarion

---

a) Observez le texte.

1. De quel type de texte s'agit-il ? ....

2. Que nous apprend le titre du chapitre ?

....

b) Lisez globalement le texte.

Quelle en est l'idée principale ? ....

....

c) Lisez attentivement le texte.
Chaque paragraphe constitue-t-il une partie ? Sinon, combien de parties proposez-vous ? Résumez chacune d'elles en une phrase.

....

....

....

....

d) Transformez les mots ou phrases en gras.

1 ....

2 ....

3 ....

4 ....

5 ....

6 ....

e) Relisez attentivement le texte. **Reformulez les phrases** manquantes dans les colonnes de droite ; dans la colonne de gauche, à partir de la reformulation, **retrouvez le texte original** manquant.

Mots ou phrases-clés	Reformulation
- *Transplanté dans notre civilisation, le mot gourou... a pris un sens négatif.*	→ ....
- *Ce fin psychologue détecte chez l'adepte son point de fragilité.*	→ ....
- *il promet le bonheur.*	→ ....
....	→ - Il a ses méthodes pour consoler l'adepte.
....	→ - Il persuadait un jeune scientifique qu'il obtiendrait le prix Nobel.

f) Résumez le texte de la ligne 15 à 35 en 50 à 60 mots.

55

2

La cause des élèves

L'un des termes les plus employés par les parents et – à un moindre degré – par les élèves, lorsque quelque chose ne fonctionne plus, c'est le terme «blocage». «Mon fils
5 "bloque" en maths, en allemand, etc.» Passe-partout, le mot est indifféremment accolé à des adolescents qui s'appliquent sans recueillir le fruit de leurs efforts et à des élèves qui paraissent incapables d'apprendre, au moins
10 dans une discipline donnée, incapables d'acquérir une méthodologie élémentaire et recourent, par exemple, à des leçons particulières, à des «débloqueurs» supplétifs.

Les parents décrivent le phénomène comme un
15 mystère entier. Et je crois que cela reste assez mystérieux pour tout le monde, professeurs inclus.

Le mot «blocage», chez moi, évoque des réalités très différentes. Il est, en tout cas, une réalité première que j'aimerais rappeler car on ne
20 s'y aventure plus guère. De manière analogue à certaines architectures en toc, la psychologie habille de termes ronflants et énigmatiques un phénomène très plat, très ordinaire ; l'élève «bloque», et pour cause : il n'a pas fourni le
25 travail nécessaire, il n'a pas appris sa leçon. Le degré zéro du «blocage» devant la feuille blanche, c'est tout simplement la feuille qu'on n'a pas remplie et qu'on ne saurait remplir parce qu'on est allé au cinéma, qu'on s'est cou-
30 ché très tard et que la préparation n'a pas été faite. Cette flemme est fort exceptionnellement appelée par son nom : paresse. «Grâce à» la vulgarisation de la psychologie et de la psychanalyse, ni les parents ni les éducateurs n'osent
35 plus parler des élèves paresseux.

On nous a tellement dit qu'un élève en échec est un élève qu'il faut soigner, que celui qui ne répond pas est un timide relevant d'une thérapie, qu'on bannit de nos hypo-
40 thèses et de nos évaluations l'absence de travail à un moment donné. La chose est fréquente, les élèves finissent par l'avouer, et j'aimerais qu'on ait la simplicité de ne plus fuir les mots, d'envisager la flemme sans mauvaise
45 conscience de notre côté ni rage accusatrice contre le fautif. J'en parle d'autant plus volontiers que, à l'école, j'ai personnellement bien connu ce blocage-là. Je me rappelle une récitation, en quatrième, où, tandis que je butais sur
50 : «Sire, la voix me manque à ce récit funeste», le professeur avait répliqué illico : «Et pour cause, pauvrette, vous n'avez rien appris...»

Ce mouvement de recul devant la réalité prosaïque de la paresse est une des perversions
55 de la participation des parents à la vie de l'établissement. Le pauvre chéri est frappé d'un mal, toutes les explications façonnées par le consumérisme scolaire sont bonnes pour contourner le mot et la chose. La paresse, à mes
60 yeux, n'est pas une pathologie. Je revendique, sur ce parcours du combattant qu'est la scolarité, le droit à la paresse, le droit à une flemme qui me semble saine si elle est passagère et rattrapée. Et je juge que la suppression des com-
65 positions, la généralisation du contrôle continu, interdisant aux acrobates de se raccrocher aux branches après un temps de distraction, limitent ce droit et alourdissent les effets d'un passage à vide.

70 Cela dit – et fermement dit –, le second problème qui me vient à l'esprit, dont parlent volontiers les élèves, c'est le «vrai» blocage devant la feuille blanche, l'impossibilité d'écrire. C'est, en tout cas, le blocage dont le professeur
75 et l'administration sont avertis d'emblée, parce qu'il apparaît aussitôt, dès la rentrée, voire dès l'inscription (les autres variantes n'émergent qu'ensuite, au fil de l'année).

(412 mots)

Marguerite Gentzbittel, en collaboration avec Hervé Hamon, *La Cause des élèves*, © éd. du Seuil

a) Lisez globalement le texte et donnez-lui un autre titre. ....

....

b) Lisez attentivement le texte.
1. Combien de parties comporte-t-il et quel mot revient dans chacune d'elles ?

....

....

2. Quelle est l'idée essentielle contenue dans chacune de ces parties ?

....

....

....

c) Relevez les mots ou phrases où apparaît l'ironie de l'auteur.

....

d) Relevez dans la colonne de gauche **les mots ou phrases-clés** et notez dans la colonne de droite **les idées exprimées** par ces mots ou phrases (reformulation).

Mots ou phrases-clés	Reformulation
1ère PARTIE	
....	....
....	....
....	....
2e PARTIE	
....	....
....	....
....	....
3e PARTIE	
....	....
....	....

e) En vous aidant de la colonne de droite, **rédigez un compte rendu** en 130 mots environ.

....

....

....

....

....

....

....

....

....

3

LA MUSIQUE CONTRE L'EXCLUSION

Matchel Arréguy fait partie de ces gens que leur enfance compliquée a conduit à s'intéresser aux autres. Né dans une famille de paysans basques de huit enfants, cet avocat «en congé du barreau» avait été élevé par une tante qui lui enseignait les chants grégoriens. Après avoir travaillé sur les questions de droit du travail auprès de Me Henri Leclerc, Matchel Arréguy a voulu prendre du temps pour «s'interroger sur la fonction de la musique dans la société et fouiller dans les livres qu'[il n'avait] pas le temps de consulter».

Son idée était de voir comment la musique peut soulager la désespérance des malades et des exclus. Durant un an, il a rencontré des directeurs d'hôpital, notamment psychiatrique et des proviseurs de collège. Puis il leur a proposé d'organiser des concerts avec des musiciens de passage à Paris. Les hôpitaux de Créteil (Val-de-Marne) et de Pontoise (Val-d'Oise) ont été les premiers à accepter cette expérience. Les spectateurs en conservent un souvenir d'émotion intense.

Après ces essais, Matchel Arréguy crée l'association Arts et solidarité, pour laquelle la Fondation de France, la Ville de Paris et la préfecture de Paris accordent 420 000 francs de subventions. *«Ce qui fonde notre action, explique-t-il, c'est de mettre en présence, en leur offrant de pratiquer ensemble un art, des jeunes et des artistes qui ont en commun d'être socialement marginalisés et des personnes de tous âges et conditions en quête de solidarités nouvelles et concrètes.»*

«Viva la fiesta»

Plus récemment, Matchel Arréguy décide de monter des opérations semblables dans les quartiers de Paris et les banlieues. Avec ATD Quart-Monde, il organise des concerts dans le vingtième arrondissement. Puis il prend contact avec les centres sociaux de quartier, notamment les Relais Ménilmontant, pour monter des ateliers, où une cinquantaine d'enfants entre 8 et 14 ans apprennent la musique et le chant.

Depuis l'année dernière, il s'est lancé dans une collaboration avec la zone d'éducation prioritaire (ZEP) du vingtième, qui regroupe 6 000 enfants dont beaucoup sont en difficulté. Dans l'école primaire de la rue Étienne Dolet, les élèves de CP, de CE1 et CE2 connaissent bien Jean-Pierre Bluteau et son groupe de musique latino-américaine Pachacamac. Ils les ont d'abord vus sur scène ; maintenant, Jean-Pierre Bluteau vient régulièrement dans quelques classes, celles où les instituteurs sont volontaires, pour enseigner aux enfants des chansons traditionnelles de la cordillère des Andes.

Les écoliers écoutent, puis ils reprennent en cœur : *«Viva la fiesta, con las manos, con los tacos»*, en tapant dans leurs mains et avec leurs talons. D'ici la fin de l'année, ils auront appris plusieurs chansons, des danses, fabriqué des costumes et des flûtes de Pan pour le spectacle de fin d'année qui sera ouvert aux habitants du quartier. *«Cela permet d'intéresser les enfants au monde extérieur, affirme Jacques Sallé, directeur de l'école. C'est aussi le moyen de leur enseigner la géographie, l'histoire ainsi que d'aider à leur expression orale et écrite.»*

Françoise Chirot

F. Chirot, © *Le Monde*, 2 décembre 1994

a) Observez le texte.
1. S'agit-il d'un extrait de livre ? D'un article de journal ? Justifiez votre choix.

....

2. Observez sa typographie. Quels caractères d'imprimerie remarquez-vous ? Notez-les et dites à quoi ils servent.

....

....

b) Lisez globalement le texte.
1. Quelle est l'idée insérée dans le titre ?

....

2. Quelle phrase, dans le texte, reprend cette idée ?

....

c) Relisez attentivement le texte.
Trouvez les mots, expressions ou locutions qui indiquent, dans le temps, le déroulement de l'expérience musicale de Matchel Arréguy. Notez-les, il y en a 8.

....

....

....

....

....

....

....

....

d) Ci-dessous, dans la colonne de droite, nous avons noté, pour vous aider, les idées essentielles de chaque paragraphe. Dans la colonne de gauche, **vous allez noter les mots, expressions ou phrases du texte** qui illustrent ces idées.

Mots ou phrases-clés	Reformulation
1er PARAGRAPHE (l. 1 à 20)	
1.	1. Il a grandi auprès d'une tante musicienne.
2.	2. Il exerce d'abord le métier d'avocat.
3.	3. Il réfléchit sur le rôle de la musique.
2e PARAGRAPHE (l. 21 à 38)	
1.	1. Il étudie le rôle bénéfique de la musique dans la société.
2.	2. Il prend contact avec des hôpitaux, des écoles *dans la région parisienne.*

3ᵉ PARAGRAPHE (l. 39 à 56)

1. ....

2. ....

3. ....

1. Il fonde une association.

2. Cette association est subventionnée par certains organismes.

3. Les jeunes exclus et les musiciens peuvent se rencontrer.

4ᵉ PARAGRAPHE (l. 57 à 73)

1. ....

2. ....

3. ....

1. Il développe ses activités à Paris.

2. Il intervient dans des centres sociaux accueillant de jeunes enfants.

3. Les enfants s'initient à la musique et au chant.

5ᵉ PARAGRAPHE (l. 74 à 94)

1. ....

2. ....

1. Il tente une expérience dans une école primaire.

2. Les instituteurs collaborent avec un chanteur et ses musiciens.

6ᵉ PARAGRAPHE (l. 95 à la fin)

1. ....

2. ....

1. Les enfants préparent une fête ouverte au public.

2. Il en résulte un enseignement vivant, d'où une ouverture sur le monde.

e) Vous pouvez maintenant aborder la **rédaction de votre résumé.** Vous le ferez à l'aide du contenu de la colonne de droite, en respectant l'ordre du relevé. (130 mots environ)

....

....

....

....

....

....

....

....

....

....

....

....

....

....

4

Une loi à l'Assemblée nationale

Les baladeurs en sourdine

À pleine puissance, ces appareils provoquent des lésions auditives irréversibles.
Les médecins n'étaient pas écoutés. Les députés ont voté.

Les baladeurs écoutés à forte puissance rendent sourd. On le répétait depuis plusieurs années. Un leitmotiv ronronnant 5 qui restait sans conséquence pratique. Et puis, jeudi, sur proposition du professeur Mattéi (député UDF des Bouches-du-Rhône) et de Jean-Pierre Cave 10 (UDF, Tarn-et-Garonne), les députés ont adopté un amendement spécifiant que les baladeurs musicaux vendus sur le marché français ne pourront 15 excéder désormais une puissance maximale en crête de 100 décibels.

L'amendement, qui a reçu un avis favorable du secrétaire d'État 20 à la Santé, Hervé Gaymard, prévoit aussi qu'ils devront porter une étiquette lisible indiquant qu'« à pleine puissance, l'écoute prolongée d'un baladeur peut 25 endommager l'oreille de l'utilisateur ». La loi devrait être promulguée courant avril. Et des mesures transitoires sont prévues pour permettre aux fabri-30 cants et aux importateurs de s'y plier sans être pénalisés.

« Une génération de sourds »

« Nous sommes en train de 35 fabriquer une génération de sourds sans nous en soucier »,

a déclaré Jean-François Mattéi à l'Assemblé nationale pour convaincre ses collègues. Le 40 député des Bouches-du-Rhône et professeur en pédiatrie s'est longuement penché sur les méfaits du bruit, dans le rapport qu'il vient de présenter (nos édi-45 tions du 23 février 1996) sur la santé et l'environnement chez l'enfant. Il en a conclu, comme d'autres d'ailleurs, que les baladeurs à partir de 100 décibels 50 induisaient des lésions irréversibles de l'oreille interne. Et que si l'on ne prenait pas garde, le vieillissement de l'oreille interne, avec la baisse de l'acuité audi-55 tive, apanage des personnes âgées, toucherait les adultes de plus en plus tôt.

Le professeur Patrick Buffé, médecin chef du service ORL du 60 Val-de-Grâce à Paris, a mis en évidence, lors d'une étude menée en 1991 chez des jeunes gens de 11 à 18 ans, une perte auditive nette chez 25 % des 65 utilisateurs réguliers de baladeurs. En 1984, 40 % des adolescents utilisaient un baladeur contre 75 % en 1991. Une étude menée sur 140 baladeurs montre 70 que le niveau sonore moyen est de 93 décibels, pouvant monter jusqu'à 110 dans certains cas. Au cours d'une étude effectuée par le CNRS, 20 % des utilisa-

75 teurs interrogés ont déclaré mettre la puissance maximale de leur appareil. Celui-ci est d'ailleurs utilisé tous les jours, avec une moyenne d'écoute de 7 heures 80 par semaine.

« La conséquence de l'écoute assidue de ces appareils n'est pas, comme on le dit de façon courante et impropre, de la 85 fatigue auditive, explique le professeur Mattéi dans son rapport. *Il s'agit d'une élévation temporaire du seuil auditif. La relation entre dégradation audi-90 tive définitive et celle-ci n'est pas clairement établie. Cependant, on peut raisonner par analogie aux milieux du travail et estimer que les sujets présen-95 tant ces élévations temporaires de seuils auditifs sont ceux qui sont le plus susceptibles de présenter une altération définiti-ve de leur audition en cas d'ex-100 position à long terme. »*

Une étude a montré que cette élévation temporaire du seuil auditif n'est significative que pour des niveaux d'exposition 105 supérieurs ou égaux à 80 db.

Cet amendement tombe à point nommé puisque la gamme des baladeurs s'élargit et va maintenant jusqu'à pro-110 poser des modèles adaptés aux enfants de 5 à 10 ans.

Dr Martine PEREZ

(522 mots)

a) Observez le texte.
1. Quelle est sa nature ?

....

2. Quel est son sujet ?

....

3. Les indications du titre et du chapeau vous permettent-elles de comprendre immédiatement ce qu'est un baladeur ?

....

....

4. Que vous apprend la signature ?

....

b) Quelles remarques pouvez-vous faire concernant la typographie ?

....

c) Lisez globalement le texte. De quoi le texte rend-il compte ?

....

d) Lisez attentivement le texte.
1. Relevez les mots ou expressions (champ lexical) qui expriment les dangers occasionnés par le baladeur.

....

....

....

....

2. Cherchez dans le texte l'équivalent des phrases suivantes :
- *Les industries bénéficieront d'un certain temps pour se conformer à la nouvelle réglementation.*

....

....

- *Certains possesseurs de baladeurs avouent faire fonctionner leur appareil en mettant le son au point le plus fort.*

....

....

e) Complétez les colonnes de droite et de gauche.

Mots ou phrases-clés		Reformulation
- *Les baladeurs écoutés à forte puissance rendent sourds.*	→	....
- *Les députés ont adopté un amendement.*	→	....
- *Les baladeurs vendus ne pourront excéder... une puissance de 100 décibels.*	→	....
- *«Nous sommes en train de fabriquer une génération de sourds.»*	→	....
- *Le député-médecin Mr Mattei a conclu... que les baladeurs à partir de 100 décibels induisaient des lésions irréversibles.*	→	....
....	→	- Un médecin
....	→	- menant une enquête chez les jeunes
....	→	- constate une baisse d'audition.
....	→	- environ 7 heures par semaine d'écoute à grande puissance.
- *«La conséquence de l'écoute*	→	....
- *les sujets présentant ces élévations temporaires de seuils auditifs*	→	....
- *sont susceptibles de présenter une altération définitive de leur audition.»*	→	....
- *cet amendement tombe à point nommé.*	→	....
- *... proposer des modèles adaptés aux enfants de 5 à 10 ans.*	→	....

e) Rédigez un compte rendu en 185 mots environ.

5

Les Français entretiennent des relations schizophréniques avec la télévision. Ils l'adulent mais ils s'en défient. Elle les fascine mais elle les inquiète et quelquefois les angoisse. Ils la regardent, sans se lasser, des dizaines d'heures par semaine. Ils s'irritent cependant de cette dépendance et la combattent de
5 leur mieux. Ils se montrent tour à tour, voir simultanément, crédules et sceptiques, candides et hérissés. Elle définit et elle façonne en partie leur univers. Ils s'en défendent cependant de mieux en mieux. Il y a de l'amour/haine, de l'attrait/rejet dans ce rapport intense et ambigu. La télévision imprègne profondément mais non pas irrésistiblement. Elle hypnotise mais elle réveille
10 aussi en sursaut. Tantôt les Français la révèrent, tantôt ils la diabolisent. Ils ont tort dans les deux cas.

La dictature de la télévision sur les esprits, dans une société développée et pluraliste comme la nôtre, relève en effet du mythe pur et simple. Cela ne signifie pas que son emprise ne soit pas profonde, persistante, parfois redou-
15 table. Cela ne veut pas dire que les formes de cet ascendant ne se renouvellent pas, que des dérives n'apparaissent pas. Tout cela se produit en effet bel et bien mais de façon sensiblement différente de ce que croient les téléspectateurs. Le petit écran ne mérite ni d'être béatifié, ni damné. Il n'exerce tout simplement pas ses effets comme on le croit. Sur le champ politique, là où ils
20 sont considérés comme les plus sensibles et les plus critiquables, ils apparaissent moins puissants que l'on ne se le figure, mais plus pervers qu'on ne devrait l'accepter. Pour l'essentiel, la télévision ne fait pas l'élection mais elle façonne l'opinion. Elle le fait, depuis quelques années, d'une manière particulièrement contestable. Dans un pays comme la France, la logique de la télévision
25 ne peut cependant pas échapper à une dynamique pluraliste, et c'est tant mieux. Pour les motifs mêmes qui l'intègrent progressivement au système démocratique, elle est particulièrement exposée aux détours du populisme. Elle ne fait pas les modes et les climats. Elle les reflète et elle les suit. Elle les facilite et elle les amplifie.
30 Il ne s'agit évidemment pas de nier l'influence profonde de la télévision sur la société politique. Elle en constitue désormais l'un des facteurs des plus constants et des plus déterminants. La télévision est le mass média par excellence. Elle tient plus de place chez les Français qu'aucune autre source d'information, ils le reconnaissent d'ailleurs volontiers et régulièrement dans les
35 sondages. Ils lui accordent à la fois plus de temps – six ou sept fois plus qu'à la lecture des journaux quotidiens par exemple – et beaucoup plus d'attention en période de crise. À la fin du XXᵉ siècle, qu'on s'en réjouisse ou qu'on s'en désole, la télévision représente le média de référence. Par rapport aux autres sources d'information, son emprise peut même être qualifiée, sans
40 exagération, au moins de dominante, souvent d'hégémonique.

(475 mots)

Alain Duhamel, *La Politique imaginaire*, © Flammarion

a) Lisez globalement le texte. Donnez-lui un titre.

....

b) Lisez attentivement le texte. Combien de parties comporte-t-il ? Quelle est l'idée essentielle contenue dans chacune d'elles ?

....

....

....

....

c) Relevez dans le premier paragraphe **les mots ou groupes de mots qui s'opposent** et trouvez, pour chacun d'eux, un synonyme.

aduler / se défier   → *adorer / se méfier*

....   → ....

....   → ....

....   → ....

....   → ....

....   → ....

....   → ....

d) Relisez attentivement le texte et complétez les colonnes de gauche et de droite.

Mots ou idées-clés	Reformulation
- *Les Français entretiennent des relations schizophréniques avec la télévision.* →	....
- *Elle les fascine* →	....
- *les inquiète* →	....
- *les angoisse* →	....
- *amour/haine* →	....
- *Ils ont tort dans les deux cas.* →	....
.... →	- Impossible de parler de dictature de l'image dans notre société pluraliste. Cela est un mythe.
.... →	- Elle influence malgré tout le choix de l'électeur.
- *Elle est exposée aux détours du populisme.* →	....
- *Il ne s'agit pas de nier l'influence profonde de la télévision.* →	....
- *Ils lui accordent plus de temps qu'à la lecture des journaux.* →	....
- *À la fin du XXᵉ siècle* →	....
- *la télévision, média de référence* →	....
- *son emprise peut être qualifiée d'hégémonique.* →	....

e) Faites un compte rendu de ce texte en 160 mots environ.

3
RÉDUCTION DE TEXTES LONGS ET DIFFICILES

EXERCICES

1

LA TERRE MENACÉE

Elle ne l'est pas par une invasion de petits hommes verts venus de je ne sais quelle galaxie, mais par ceux-là mêmes qui l'habitent et qui dépendent entièrement d'elle. Les 5 hommes menacent leur planète et tendent à perpétrer un gigantesque suicide collectif dont nul ne réchappera.

Certes, cette crainte n'est pas nouvelle. Dès l'apparition des effroyables engins de destruc- 10 tion que constituent les bombes thermonu- cléaires, les esprits lucides ont noté que l'homme était désormais capable de ravager toute la surface de la planète, d'anéantir toute trace de vie. Ce danger n'a pas disparu. Mais 15 il s'en rajoute aujourd'hui un autre, plus dif- fus, multiforme, lent, sournois, et pourtant tout aussi implacable. À force d'exploiter la planète, de la cultiver, de la construire, d'en extraire les richesses, d'y disséminer des 20 déchets ; à force de chercher à modifier la nature à son profit, l'homme a fini par mettre en péril les équilibres naturels qui sont la base même de sa survie. La conscience de ces réali- tés est aujourd'hui si forte que chaque mois 25 apporte son lot de nouvelles menaces et mises en garde.

Nous sommes aujourd'hui en possession d'un véritable catalogue de dangers naturels que médias ou hommes politiques développent 30 alternativement à des rythmes et selon des priorités dont les motivations sont d'ailleurs souvent assez obscures.

L'atmosphère, cette couche ténue de gaz qui enveloppe notre planète, qui assure l'en- 35 vironnement douillet propre à la vie, est en train de se détériorer. La «couche» d'ozone qui, à 35 km d'altitude, nous protège des rayonnements ultraviolets solaires, se déchire aux pôles. Le gaz carbonique, constituant 40 mineur de l'atmosphère par sa masse, mais essentiel pour l'équilibre thermique, s'accu- mule à une allure que l'on commence à redouter pour ses conséquences climatiques.

L'air des villes est si pollué que les maladies 45 pulmonaires s'y multiplient, de même que les cas d'asphyxie, au point d'alerter les gestion- naires de la sécurité sociale américaine.

L'eau de pluie, autrefois considérée comme symbole de la pureté céleste, est à présent si 50 acide que, dans certaines régions, elle perfore chimiquement les feuilles des arbres et les carrosseries des voitures.

L'eau douce des continents est de plus en plus polluée, les nappes phréatiques saines 55 deviennent rares. L'homme consomme de plus en plus d'eau douce et donc en salit de plus en plus. L'eau potable va-t-elle devenir à la surface du globe un produit plus précieux que le vin ?

60 L'océan, milieu que l'on croyait infini, à qui l'on attribuait des vertus régénératrices inépuisables, est lui aussi pollué : les espèces vivantes y sont menacées, l'étalement de films monomoléculaires d'huiles pétrolières inhibe 65 son rôle de grand régulateur des équilibres chimiques en surface ; des déchets toxiques s'accumulent près de côtes.

Mais les perturbations du cycle de l'eau ne sont pas seulement d'ordre chimique. La 70 déforestation et l'érosion des sols amplifient la fréquence et l'amplitude des inondations. Les modifications climatiques introduites par les changements de composition de l'at- mosphère induisent ici une désertification, là 75 des tornades, partout une lente montée du niveau des mers. Les îles paradisiaques des Maldives sont menacées de disparition par submersion.

(585 mots)

Claude Allègre, *Économiser la planète*, © Librairie Arthème Fayard, 1990

a) Observez le texte.

1. De quel type de texte s'agit-il ?

2. Que vous apprennent le titre du chapitre et le titre du livre ?

....

b) Lisez globalement le texte.

c) Lisez attentivement le texte.
Dans les lignes 33 à 67, relevez les mots appartenant au champ lexical de l'environnement (vous vous limiterez aux noms et groupes de noms).

....

....

d) Dégagez les principales parties du texte et donnez l'idée essentielle contenue dans chacune d'elles.

....

....

....

....

e) Dans la colonne de gauche, nous avons relevé les mots ou idées-clés du texte. Dans la colonne de droite, **vous les reformulerez. Vous ferez ensuite un compte rendu** de 190 mots environ.

PARAGRAPHES 1 ET 2 (l. 1 à 26)

- *terre menacée*　　　　　　　→ ....

- *gigantesque suicide collectif*　→ ....

- *crainte pas nouvelle*　　　　→ ....

- *bombes thermonucléaires*　　→ ....

- *anéantir toute trace de vie*　　→ ....

- *exploiter la planète*　　　　　→ ....

PARAGRAPHES 3 À 7 (l. 27 à 59)

- *catalogue de dangers*　　　　→ ....

- *l'atmosphère... se détériorer*　→ ....

- *la couche d'ozone... se déchire*　→ ....

- *conséquences climatiques*　　→ ....

- *air des villes... maladies pulmonaires*　→ ....

- *eau de pluie... acide*　　　　→ ....

- *eau douce... polluée*　　　　→ ....

- *eau potable... plus précieuse que le vin*　→ ....

PARAGRAPHES 8 ET 9 (l. 60 à la fin)

- *océan... pollué*　　　　　　→ ....

- *espèces vivantes... menacées*　→ ....

- *déchets toxiques*　　　　　　→ ....

- *déforestation*　　　　　　　→ ....

- *érosion des sols*　　　　　　→ ....

f) Rédigez un compte rendu (175 mots environ).

2

AUJOURD'HUI-SCIENCES

L'animal de compagnie entre à l'hôpital pour améliorer certains traitements

Poissons rouges ou chiens peuvent faciliter le travail des médecins

Un millier de chercheurs, sociologues, psychologues, médecins, vétérinaires, sont réunis à Genève du 6 au 9 septembre, sous le patronnage des ministères de la Santé américain et suisse et de l'OMS, pour étudier le rôle des animaux de compagnie dans le traitement des maladies des humains. Jamais chiens, chats, canaris, hamsters et poissons rouges n'auront éveillé un tel intérêt dans la communauté scientifique.

L'ENJEU de la 7e conférence internationale sur les relations entre les hommes et les animaux va bien au-delà des 5 traditionnelles démonstrations sur l'amélioration de la qualité de vie apportée, notamment aux personnes âgées solitaires, par l'animal 10 de compagnie. Désormais, il est question de bénéfices directs pour la santé humaine.

Aux États-Unis, des « animaux visiteurs »

Chiens, chats, lapins, hamsters, oiseaux... et même poulets : depuis 1991 et la création de l'association Pet Partners, les malades hospitalisés aux États-Unis reçoivent toutes sortes de visiteurs à poil ou à plume. Quelque 1 600 bénévoles de l'association, accompagnés de leur animal de compagnie, sillonnent les hôpitaux de tous les États pour offrir 40 de leur temps, en priorité aux enfants alités pour de longues durées. Maîtres et animaux sont spécifiquement formés et le suivi vété- 45 rinaire est régulier. Selon le règlement de l'hôpital, l'animal demeure au sol, s'installe sur un fauteuil, grimpe carrément sur le lit si un 50 tissu de protection est prévu, et participe parfois aux activités de rééducation.

L'Organisation mondiale de la santé (OMS) tient ainsi à 15 *« marquer sa reconnaissance des effets positifs sur la santé que peut apporter l'animal de compagnie, notamment dans les domaines des maladies car-* 20 *diovasculaires, des soins palliatifs, des maladies mentales et de la gériatrie ».*

L'idée que l'animal peut jouer un rôle en matière de 25 prévention et de traitement des problèmes de santé physique ou psychique n'est pas née d'hier. Durant la Seconde Guerre mondiale, déjà, cer- 30 tains hôpitaux militaires américains accéléraient la guérison des blessés du conflit en leur permettant de prendre soin d'animaux, ce 35 qui leur donnait un meilleur moral. Dans les années 60, toujours aux États-Unis, le psychologue Boris Levinson constatait que les enfants autistes établissent avec l'animal une relation dont ils sont incapables avec leur entourage. Mais, depuis une dizaine d'années, le concept d'animal-adjuvant thérapeutique 45 fait particulièrement recette dans les pays développés, *« sans doute du fait de la préoccupation écologique généralisée qui est nôtre »,* suppute 50 Marcos Einis, psychiatre et psychanalyste.

Loin d'être en pointe, le monde médical français

« commence seulement à s'inté- 55 resser aux relations homme-animal », regrette Jean-Luc Vuillemenot, secrétaire général de l'Association française d'information et de recherche 60 sur l'animal de compagnie (Afirac) qui fait partie des organisateurs de la conférence de Genève. Rien que de très « normal », note Marcos 65 Einis, *« au pays de Pasteur et de l'hygiène... Depuis environ deux ans, néanmoins, nous faisons un peu moins sourire et nous avons même pu, sans dif-* 70 *ficulté, constituer une équipe de recherche théorique sur le sujet, composée d'une vingtaine de médecins et scientifiques ».* 75

« Médiateur, facilitateur de maturation psychologique chez l'enfant, aide à la canalisation de son agressivité, facteur de prévention de la dépression 80 *chez les vieillards, faire-valoir à tous les âges, régulateur des tensions au sein de la famille »,* l'animal de compagnie serait 85 par ailleurs la prescription idéale contre les troubles psychologiques des jeunes en situation de désinsertion sociale, à en croire M. Einis. 90 *« Par la responsabilisation et l'encadrement quotidien qu'il exige et par la reconnaissance en retour qu'il offre, l'animal représente pour le jeune un* 95 *moyen de structuration non*

...*/*...

...*/*...

négligeable».

En milieu hospitalier, il *«peut faciliter le contact du clinicien ou du personnel hospitalier avec les patients, en servant de catalyseur à l'expression de leurs angoisses ou de leurs problèmes»*, notent Patrick Bonduelle et Hugues Joublin dans leur *Que sais-je ?* sur l'animal de compagnie. En outre, caresser un animal ou contempler un aquarium abaisse le pouls et la pression artérielle, ont démontré, en 1983, des chercheurs de l'université de Pennsylvanie.

Les hôpitaux français commencent à s'ouvrir aux animaux de compagnie, l'Assistance publique faisant preuve d'une *«neutralité bienveillante»*, selon l'Afirac. Les poissons, les plus simples à introduire dans ce genre d'établissement, ont trouvé place dès 1990 à l'hôpital des enfants malades Robert-Debré, à Paris, grâce à l'Association des amis de l'aquarium du Musée des arts d'Afrique et d'Océanie. Depuis, l'hôpital Necker ou l'institut Gustave-Roussy ont suivi. Les lieux privilégiés d'installation des aquariums sont les services de stomatologie, pour calmer les angoisses des patients, de gastro-entérologie, puisque les poissons qui se précipitent sur la nourriture peuvent redonner aux enfants longtemps nourris par sonde le goût de manger, ou encore les unités de long séjour pour personnes âgées.

Du côté des mammifères, certains chats de quartier, adoptés de façon informelle, avaient démontré leur utilité thérapeutique à l'hôpital Charles-Foix d'Ivry (en gérontologie) ou à l'hôpital Paul-Guiraud de Villejuif (en psychiatrie). Plus récemment, quelques chefs de service hospitalier ont adopté, de manière très réfléchie, des *«chiens sociaux»* fournis par L'association nationale pour l'éducation des chiens d'assistance aux handicapés (Anecah). *«Les caresses, le brossage, la pause du collier sont autant de stimulations musculaires, d'efforts accomplis avec plaisir, souligne Marie-Claude Lebret,*

« Les caresses, le brossage, la pose du collier, sont autant de stimulations musculaires, d'efforts accomplis avec plaisir. Et les commandes données au chien constituent un excellent exercice de rééducation orthophonique. »

---

fondatrice de l'association. Et les commandes données au chien constituent un excellent exercice de rééducation orthophonique... »

Le service gériatrique de long séjour de l'hôpital de Saint-Nazaire accueille, depuis peu, deux chiens de l'association. *«Certaines personnes qui ne s'intéressaient plus à rien, s'occupent d'eux. D'autres ont réappris à sourire. Les psychomotriciens se servent de chiens pour faire travailler les patients»*, raconte le docteur Philippe Leroux. Le professeur Jean-François Duhamel, à la tête du service de pédiatrie du CHU de Caen, est *«totalement convaincu»*, lui qui a constaté *«à quel point une enfant myopathe a pu progresser à partir du moment où elle a eu un chien, même si cela ne remplace pas le traitement»*. Lorsqu'elle vient à l'hôpital, l'enfant amène son compagnon quadrupède, qui est le bienvenu. Et le professeur Duhamel rêve désormais d'un chien de l'Anecah, à demeure, pour ses consultations neuromusculaires.

Ces expériences restent cependant relativement rares. Pour avancer, il s'agirait, selon Boris Cyrulnik, neuropsychiatre, *«de bâtir une théorie solide, ce qui n'a pas encore été fait, et d'éviter deux écueils : l'idée qu'au nom de la pureté il faut écarter l'animal de l'hôpital, mais aussi l'illusion américaine que les animaux guérissent alors qu'ils ne font qu'améliorer les choses. Dans le cas des enfants autistes, par exemple, ils servent de média pour tenter d'entrer sans brutalité dans leur monde. Il donnent aux enfants une émotion qui peut permettre ensuite de démarrer une thérapie».*

Sans oublier que l'entrée de l'animal de compagnie à l'hôpital se prépare, que chiens et chats doivent être soigneusement choisis et suivis sur le plan vétérinaire et que le personnel soignant doit pleinement accepter ce qui constituera une charge de travail supplémentaire.

Pascale Krémer

P. Krémer, © *Le Monde*, 7- 09-1995

a) Observez le texte.

1. Quelle est sa nature ?

....

2. Quelle est sa présentation ?

....

....

3. Qu'apprend-on en lisant le titre et le sous-titre ?

....

....

4. Quel est le rôle des points de suspension dans l'encadré de la première colonne ?

....

5. Quel ton donnent les guillemets au mot «normal» (l. 65) et à l'expression «chiens sociaux» (l. 156-157) ?

....

....

b) Lisez globalement le texte.

En combien de parties peut-on le diviser ? Résumez en une phrase le contenu de chaque partie.

....

....

....

....

....

c) Relisez attentivement le texte et complétez les colonnes de droite et de gauche.

Mots ou phrases-clés	Reformulation
PARAGRAPHE 1 (l. 1 à 22) - *Conférence internationale sur les relations hommes/animaux et leurs bénéfices sur la santé.*	→ ....
PARAGRAPHE 2 (l. 23 à 52) – *L'idée que l'animal peut jouer un rôle n'est pas née d'hier.*	→ ....
– *Durant la Seconde Guerre mondiale, certains hôpitaux américains accéléraient la guérison des blessés en leur permettant de prendre soin d'animaux.*	→ ....
– *... le concept d'animal-adjuvant thérapeutique fait recette dans les pays développés.*	....
PARAGRAPHE 3 (l. 53 à 97) – *Loin d'être en pointe, le monde médical français commence seulement à s'intéresser aux relations homme/animal*	→ ....

PARAGRAPHES 4 À 6 (l. 98 à 143)

- *En milieu hospitalier, il peut faciliter le contact entre cliniciens/personnel/patients.* → ....

- *Les hôpitaux français commencent à s'ouvrir aux animaux de compagnie.* → ....

....

....

PARAGRAPHE 7 (l. 144 à 170)

....

.... → *La présence de certains chiens ou chats a prouvé son utilité favorisant chez les malades des réactions positives.*

PARAGRAPHE 8 (l. 171 à 199)

....

.... → *Des chiens ont suscité un grand intérêt dans un service hospitalier de personnes âgées.*

....

.... → *Un médecin chef de service est sûr de leur action bénéfique : il l'a constatée avec une jeune myopathe.*

....

.... → *Évidemment, l'animal ne se substitue pas au traitement.*

PARAGRAPHES 9 ET 10 (l. 200 à la fin)

- *Ces expériences restent rares.* → ....

- *Bâtir une théorie solide, sans oublier que l'entrée de l'animal à l'hôpital se prépare (vétérinaires, personnel soignant avec charge supplémentaire).* → ....

....

....

d) Rédigez un compte rendu de cet article (en vous aidant de la colonne de droite) en 220 mots environ et donnez-lui un titre.

3

Il y a aujourd'hui tout autour de nous une espèce d'évidence fantastique de la consommation et de l'abondance, constituée par la multiplication des OBJETS, des services, des
5 biens matériels, et qui constitue une sorte de mutation fondamentale dans l'écologie de l'espèce humaine. À proprement parler, les hommes de l'opulence ne sont plus tellement environnés, comme ils le furent de tout
10 temps, par d'autres hommes que par des objets. Leur commerce quotidien n'est plus tellement celui de leurs semblables que, statistiquement selon une courbe croissante, la réception et la manipulation de biens et de
15 messages, depuis l'organisation domestique très complexe et ses dizaines d'esclaves techniques jusqu'au «mobilier urbain» et toute la machinerie matérielle des communications et des activités professionnelles, jusqu'au spec-
20 tacle permanent de la célébration de l'objet dans la publicité et les centaines de messages journaliers venus des mass média, du fourmillement mineur des gadgets vaguement obsessionnels jusqu'aux psychodrames sym-
25 boliques qu'alimentent les objets nocturnes qui viennent nous hanter jusque dans nos rêves. Les concepts d'«environnement», d'«ambiance» n'ont sans doute une telle vogue que depuis que nous vivons moins, au
30 fond, à proximité d'autres hommes, dans leur présence et dans leur discours, que sous le regard muet d'objets obéissants et hallucinants qui nous répètent toujours le même discours, celui de notre puissance médusée,
35 de notre abondance virtuelle, de notre absence les uns aux autres. Comme l'enfant-loup devient loup à force de vivre avec eux, ainsi nous devenons lentement fonctionnels nous aussi. Nous vivons le temps des objets : je
40 veux dire que nous vivons à leur rythme et selon leur succession incessante. C'est nous qui les regardons aujourd'hui naître, s'accomplir et mourir alors que, dans toutes les civilisations antérieures, c'étaient les objets, instru-
45 ments ou monuments pérennes, qui survivaient aux générations d'hommes.

Les objets ne constituent ni une flore ni une faune. Pourtant, ils donnent bien l'impression d'une végétation proliférante et
50 d'une jungle, où le nouvel homme sauvage des temps modernes a du mal à retrouver les réflexes de la civilisation. Cette faune et cette flore, que l'homme a produites et qui reviennent l'encercler et l'investir comme dans les
55 mauvais romans de science fiction, il faut tenter de les décrire rapidement, telles que nous les voyons et les vivons – en n'oubliant jamais, dans leur faste et leur profusion, qu'elles sont le *produit d'une activité humaine*,
60 et qu'elles sont dominées, non par les lois écologiques, mais par la loi de la valeur d'échange.

(431 mots)
Jean Baudrillard, *La Société de consommation*, © éd. Denoël

a) Lisez globalement le texte.
1. Quelle en est l'idée principale ?

....

....

2. Quel mot est mis en évidence ? De quelle façon ? Pourquoi ?

....

3. Quelle est la fréquence de ce mot dans le texte ?

....

4. À quel genre de livre appartient le texte ?

....

b) Lisez attentivement le texte.

1. Donnez-lui un titre.

....

2. Relevez une phrase montrant que les objets prennent une place importante dans notre vie.

....

3. Cherchez des synonymes des mots ou expressions suivants :

Opulence (l. 8)   ....

Commerce quotidien (l. 11)   ....

Esclaves techniques (l. 16-17)   ....

La célébration de l'objet (l. 20)   ....

Fourmillement (l. 22-23)   ....

Vogue (l. 29)   ....

Obéissants et hallucinants (l. 32-33) ....

c) Recherche des idées et mots-clés du premier paragraphe (l. 1 à 46).

Dans la colonne de gauche, nous avons relevé les mots et expressions traduisant les idées-clés.
Dans la colonne de droite, vous reformulerez ces idées.

1ère PHRASE (l. 1 à 7)
Il y a aujourd'hui :
- *consommation/abondance*
- *multiplication des objets*   → L'homme aujourd'hui vit entouré d'une
- *mutation fondamentale*   surabondance d'objets.

2e PHRASE (l. 7 à 11)
À proprement parler...   → ....
- *hommes de l'opulence*   ....
- *ne sont plus tellement environnés*   ....
  par d'autres hommes   ....
  que par des objets

3e PHRASE (l. 11 à 27)
Leur commerce quotidien...   → ....
- *plus celui de leurs semblables*   ....
- *toute la machinerie matérielle*   ....
- *célébration de l'objet dans la publicité* ....

4e PHRASE (l. 27 à 36)
- *nous vivons moins à proximité d'autres hommes* → ....
- *sous le regard d'objets hallucinants*   ....
- *notre absence les uns aux autres*   ....

FIN DU PARAGRAPHE (l. 36 à 46)
- *nous devenons lentement fonctionnels* → ....
- *nous vivons le temps des objets*   ....
- *nous les regardons mourir*   ....
  alors que dans les civilisations antérieures ....
  c'étaient les objets qui survivaient aux hommes ....

d) En vous aidant des phrases reformulées dans la colonne de droite, **rédigez un compte rendu** de 110 mots environ.

4

À la recherche d'une méthode pour prévoir les séismes

Comme en Grèce récemment, les tremblements de terre sont souvent précédés de nombreux phénomènes dont l'interprétation reste difficile. Les travaux dans ce domaine permettent cependant d'espérer des résultats à moyen terme.

MEXIQUE, INDONÉSIE, Grèce, Japon... À chaque fois que des secousses meurtrières dévastent la terre, la polémique se rallume autour de la prévision des séismes. À Athènes, un procureur a lancé des poursuites contre l'Organisme public de protection sismique, accusé de ne pas avoir pris en compte les avertissements des auteurs de la très controversée méthode VAN avant le tremblement de terre qui a frappé la région d'Aigion au mois de juin. Au Japon, après le séisme de Kobé survenu dans une région considérée comme «calme», les scientifiques se sont vus reprocher de ne s'intéresser qu'à la protection de Tokyo.

Le malentendu est total. Indéniablement, il existe des signes avant-coureurs des tremblements de terre. Les habitants de zones à risque le savent parfaitement. Un mois avant celui d'Aigion, un séisme de magnitude équivalente a détruit plusieurs villages dans la même région sans faire de victimes : alertés par une petite secousse préalable, les villageois étaient sortis pour camper devant chez eux.

SIGNAUX D'ALARME

Grecs, Mexicains, Chinois, Chiliens ou Japonais, la plupart des habitants des régions sismiques font de même. Hélas ! ces phénomènes ne sont que *des éléments qui nous mettent la puce à l'oreille* sans fournir d'enseignement sur l'intensité, la date et la localisation précise de la catastrophe attendue, explique un sismologue. Il est donc impossible d'ordonner l'évacuation d'une métropole géante comme Tokyo ou Mexico sur des bases aussi floues.

Ces signaux d'alarme, que les sismologues nomment *«précurseurs»*, sont pourtant aussi nombreux qu'incontestables. Ils sont généralement attribuables à la «déformation asismique» du sol avant la secousse, qui peut se traduire par des gonflements de près de 1 centimètre, comme ceux mesurés en 1976 près de Tang-shan, en Chine, six mois avant un tremblement de terre qui fit plus de sept cent mille morts.

Les séismes sont souvent précédés d'une modification du régime hydrolique des régions concernées, où la hauteur et la température de l'eau dans les puits ou les lacs souterrains peuvent varier de manière importante (jusqu'à 30 centimètres et 10 degrés dans certains cas). En analysant la production d'une source thermale de la région de Kobé, les chercheurs japonais ont ainsi constaté que la teneur en chlore des bouteilles d'eau minérale avait commencé à croître six mois avant le séisme, atteignant un pic juste après la secousse avant de redescendre. Ces mêmes déformations peuvent aussi entraîner des dégagements de radon (gaz radioactif), ou des anomalies très importantes du champ magnétique terrestre.

Les courants mesurés par les physiciens grecs inventeurs de la méthode VAN pourraient aussi avoir la même origine. Des simulations faites en laboratoire ont montré qu'ils pourraient être le résultat d'un rayonnement électro-magnétique induit par les variations de la pression et de la vitesse de circulation des eaux souterraines, explique Pascal Bernard, de l'Institut de physique du globe de Paris. Certains scientifiques n'hésitent pas à en déduire qu'il s'agirait alors d'une manifestation particulière du fameux «fluide des sourciers» ! Face à un tel faisceau d'indices, on pourrait être tenté de sauter le pas : en sélectionner quelques-uns pour se lancer immédiatement dans la prévision. Certains n'ont pas hésité à le faire, tels les Grecs Varotsos, Alexopoulos et Nomicos, inventeurs de la méthode VAN. Des Américains ont proposé un autre système de prévision – également sujet à polémique – fondé sur l'analyse de la variation des microséismes dans les zones à risques.

«DANS QUELQUES DÉCENNIES»

Pour la plupart des sismologues, ces méthodes ne sont pas vraiment opérationnelles. Les plus pessimistes, comme l'Américain Robert Geller,

.../...

...*/*...

n'hésitent donc pas à affirmer que toute tentative de prédiction est illusoire. Il vaut mieux, selon eux, se contenter d'éva-
140 luer les *« aléas sismiques »*, identifier les zones à risques, sans chercher à prévoir l'arrivée des catastrophes (*Le Monde* du 24 février). D'autres sont
145 moins négatifs. Pascal Bernard est de ceux-là. *« Tous ces signes précurseurs sont nets et peuvent être associés sans conteste aux déformations de la*
150 *croûte terrestre, estime-t-il. Le problème, c'est que nous ne savons pas encore les quantifier pour en tirer des prévisions précises. »*
155 Afin d'y parvenir, des laboratoires équipés pour étudier l'ensemble de ces phéno-

mènes ont été installés dans nombre de régions sismiques.
160 La France en finance trois au Chili, au Tibet et en Grèce. Dans ce pays, l'Institut de physique du globe de Paris a lancé, il y a cinq ans, en
165 coopération avec des sismologues grecs, une étude détaillée du golfe de Corinthe, zone très active où le Péloponnèse s'écarte du continent à
170 raison d'un mètre par siècle. Une grotte située à 200 mètres de la côte a été équipée de capteurs qui enregistrent en continu la quasi-
175 totalité des précurseurs. Plusieurs autres sites similaires seront installés autour du golfe dans le cadre d'un projet européen baptisé GAIA
180 (Geotectonic Activity Instru-

mentation and Analysis).
« Avec un peu de chance, ce réseau nous permettra peut-être d'élaborer un modèle physique
185 *liant les précurseurs entre eux. Il conviendra ensuite de vérifier sa validité sur plusieurs séismes avant de pouvoir en*
190 *tirer une méthode de prévision fiable »*, explique Pascal Bernard, qui coordonne le programme GAIA. Tout cela demandera évidemment du temps : *« quelques décennies ».*
195 En attendant, et afin d'éviter toute polémique, les chercheurs *« s'abstiendront »* de toute annonce publique, *« sauf évidemment si nous avions la*
200 *quasi-certitude de l'imminence d'une catastrophe ».*

Jean-Paul Dufour

(980 mots)
J.-P. Dufour, © *Le Monde*, 12-10-1995

a) Observez le texte.
Comment est-il présenté ?

....

....

....

....

b) Lisez les différents titres.
1. Ils vous permettent de caractériser le document.
– De quel type de document s'agit-il ?

....

– Quels mots vous guident dans votre réponse ?

....

2. Ils permettent d'en saisir le sujet.
– Quel est ce sujet ?

....

– Quels sont les mots qui vous ont permis de répondre ?

....

....

3. Ils permettent d'en prévoir la conclusion.
– Quelle est-elle ? Quel sont les mots qui vous ont permis de répondre ?

....

....

c) Lisez attentivement le texte.
1. Recherchez et notez dans la colonne de gauche les mots ou phrases qui ont été utilisés pour la reformulation des idées (colonne de droite) de la première partie du texte (l. 1 à 36).

Mexique, Indonésie, Grèce, Japon.

....   → Chaque séisme dévastateur (Kobé-Aigion) relance
....   la controverse autour de la prévision.
....

....   → À Athènes, les pouvoirs publics sont mis en cause.
....   Au Japon, ce sont les scientifiques.

....

....   → L'existence des signes précurseurs est connue des
....   habitants des régions sismiques.

2. Faites l'exercice inverse pour la deuxième partie du texte (l. 37 à 129). Vous utiliserez les mots ou expressions de la colonne de gauche pour reformuler les idées qu'ils contiennent (dans la colonne de droite).

Signaux d'alarme
– Ces phénomènes ... sans fournir   →   ....
d'enseignement sur l'intensité, la date...   ....

– précurseurs nombreux, incontestables →   ....
                                              ....
                                              ....

– déformation du sol - modification du →   ....
régime hydrolique - température de l'eau   ....
- teneur en chlore de l'eau minérale   ....
- dégagements de radon, ...
- anomalies du champ magnétique terrestre   ....
                                              ....

– Les Grecs de la méthode VAN et
les Américains se lancent dans la prévision... → ....

3. Remplissez vous-mêmes les deux colonnes pour la troisième partie (l. 130 à la fin).

d) **Rédigez** maintenant un compte rendu de ce texte en 280 mots environ.

5

QU'EST-CE QU'UNE SYNTHÈSE ?

1
DÉFINITION ET CONSEILS SPÉCIFIQUES

C'est une activité qui permet de rassembler les éléments essentiels de plusieurs textes pour en présenter un compte rendu cohérent. En quoi consiste cette activité ?

1. Vous avez sous les yeux **trois ou quatre textes** (articles de journaux, extraits de livres, statistiques) dont le thème est proche : travail, voyages, vacances, santé, cinéma, sport, problèmes de société, sciences, etc.

2. Après avoir **noté les idées essentielles** de chacun d'eux, trouvé leurs points communs ou leurs différences, vous devez rédiger un compte rendu de l'ensemble dont la longueur vous est précisée (en général, le tiers du texte environ).

3. Pour ce travail, vous aurez recours à certaines techniques que vous avez utilisées pour le résumé ou le compte rendu d'un texte, car la synthèse présente avec eux des points communs.

Il vous faudra en effet :
a) observer les textes (présentation, titres, typographie, etc.) ;
b) les lire attentivement pour découvrir le thème qui leur est commun ;
c) découvrir les idées essentielles de chacun, la position de l'auteur ;
d) procéder à une étude comparative des idées (cela est particulier à la synthèse) ;
e) établir un plan.

4. La rédaction sera plus proche de celle du compte rendu, car vous aurez à présenter la démarche, les prises de position, les engagements de chaque auteur, mais vous devez produire un texte unique et non rendre compte de chaque document.
Vous devez rester objectif, tout en laissant deviner la présence du rédacteur, comme dans le compte rendu.

5. Longueur des textes :
Selon les épreuves présentées aux divers examens, les textes proposés peuvent être plus ou moins longs.

2
LEXIQUE

Pour la rédaction de la synthèse, vous aurez aussi besoin d'un vocabulaire approprié.

1. Des mots de liaison, pour donner plus de clarté à votre texte et à son organisation.
– Ceux qui expriment les ressemblances : *ainsi que, comme, de la même façon, de la même façon que, non seulement... mais aussi..., mais encore.*
– Ceux qui expriment les différences : *à la différence de/du..., à l'opposé, à l'opposé de/du..., alors que, au contraire, contrairement à/au..., tandis que.*

2. Des noms, des adjectifs, des verbes :
– Noms : la convergence, la concordance, la différence, la divergence, la similitude.
– Adjectifs : attention aux prépositions qui les accompagnent : *contraire à/de, différent de, contradictoire avec, égal à, équivalent à, identique à, opposé à, pareil à, semblable à, similaire...*
– Verbes : *être d'accord avec, partager une idée/une opinion avec, s'accorder à, contredire, être en désaccord avec, diverger, s'opposer à.*

3. Certaines formes grammaticales :
Le comparatif et le superlatif.
Le texte n°1 est plus... que le texte n°2.
L'auteur est moins... que... / tout à fait / le plus...

3
SYNTHÈSE DE TROIS TEXTES COURTS

a) Voici 3 textes, **observons-les**.

Texte (1)

La réserve de l'Antarctique

On les appelle SNC, S comme Shergotty en Inde, N comme Nakhla en Égypte, C comme Chassigny en Bourgogne, les lieux où ont atterri les trois premières météorites en pro-
5 venance de Mars.
Une grande partie des pierres célestes se perd en fait dans les océans, qui représentent 70 % de la surface terrestre, ou dans des régions reculées. C'est donc dans les zones déser-
10 tiques, chaudes et froides, que les météorites sont le plus accessibles aux scientifiques.
Désert de glace grand comme vingt-cinq fois la France, l'Antarctique constitue le terrain de recherche idéal. La neige permet d'y préser-
15 ver les cailloux et facilite leur repérage. Taches sombres, les météorites se détachent sur le blanc de la neige ou le bleuté de la glace.
Et comme pour rendre plus aisée la tâche des chercheurs, un processus naturel rassemble les
20 météorites. En général, les pierres qui tombent sur la calotte glacière y sont intégrées. La glace les entraîne en s'écoulant du centre vers les côtes. Mais quand cette mer de glace se trouve piégée derrière une montagne, elle est usée
25 peu à peu par les vents les plus forts de la planète (300 km/h), et laisse apparaître la collection de météorites qu'elle contenait. Les spécialistes n'ont plus qu'à se servir. Le continent blanc est en somme une formidable machine à
30 stocker et à concentrer les météorites.

(229 mots)
Soizick Héloury, © *Le Point*, 10-08-1996

Texte (2)

Vol de météorite

Un scoop des bactéries martiennes a déjà fait des heureux de ce côté-ci de l'Atlantique. Au Muséum de Paris, en effet, on se frotte les mains : ce magnifique coup de projecteur sur une pierre
5 tombée du ciel devrait logiquement attirer les foules à la superbe exposition « Météorites ! », qui se tient jusqu'au 6 janvier 1997 à la Grande Galerie. Mais il serait sage alors de renforcer la surveillance : avant même qu'une actualité récente
10 attire l'attention sur les météorites, un visiteur indélicat a en effet volé deux fragments, l'un lunaire et l'autre martien. Deux échantillons montés en lames minces et présentés sous microscope au public, lequel était ainsi invité à
15 observer la différence de structure d'une météo-rite martienne et d'une météorite lunaire.

Or, quelqu'un n'a pas pu résister au plaisir de poursuivre l'examen chez lui, à tête reposée. La police a été prévenue, ainsi que les marchands de
20 minéraux, les associations de collectionneurs et les musées d'histoire naturelle. Au Muséum, on est d'autant plus consterné que l'un des deux échantillons avait été prêté par une institution japonaise, qui risque de ne pas apprécier la plai-
25 santerie. Heureusement, pareille mésaventure ne devrait pas se reproduire avec Morito, l'un des autres clous de l'exposition : une météorite géante, prêtée par le Mexique, et qui pèse plus de 10 tonnes.

F. G.

(230 mots)

Texte (3)

Message aux enseignants

Les enseignants des lycées et collèges se plaignent généra-lement du manque d'intérêt des jeunes pour les sciences. Comment faire, demandent-ils, pour les motiver ?

Il suffit souvent de leur montrer que les sciences leur par-
5 lent d'eux-mêmes. Que, dans le cadre de la cosmologie, la physique, la chimie, la biochimie, la biologie sont autant de chapitres de l'histoire du cosmos. Que cette histoire raconte, entre autres, les événements qui, après quinze mil-liards d'années d'évolution sont responsables de leur propre
10 venue au monde.

Que leur histoire s'insère dans un cosmos qui s'étend sur quinze milliards d'années-lumière, et dans lequel des colli-sions de galaxies, des explosions d'étoiles, des chocs d'asté-roïdes ont joué des rôles fondamentaux. Que le cerveau
15 avec lequel ils prennent conscience de leur existence est fait de molécules formées à l'intérieur d'étoiles depuis long-temps défuntes. Ces informations, établies sur des connais-sances scientifiques rigoureuses, sont souvent de nature à éveiller une grande passion pour la science et la recherche.

(171 mots)

Hubert Reeves, *Dernières nouvelles du Cosmos,*
Vers la première seconde, © éd. du Seuil, 1994

b) De quels types de textes s'agit-il ?

TEXTE (1) : article du magazine *Le Point.*

TEXTE (2) : article du magazine *Le Nouvel Observateur.*

TEXTE (3) : extrait d'un livre.

c) Quels renseignements nous donnent les titres des documents ?

TEXTE (1) : Il nous avertit du contenu scientifique.

TEXTE (2) : Il s'agit sans doute d'un contenu scientifique mais le mot «vol» peut nous faire penser à un fait divers.

TEXTE (3) : il s'agit d'un livre scientifique traitant plus particulièrement du cosmos.

d) Lisons attentivement les trois textes.

Qu'est-ce qui a motivé l'auteur de chaque texte ?

TEXTE (1)	TEXTE (2)	TEXTE (3)
Le souci d'informer le public sur les météorites.	Le désir de présenter au public une exposition sur les météorites.	Le désir d'adresser un message aux enseignants à propos de la science.

e) Voici les champs lexicaux de la science relevés dans chacun des textes.

TEXTE (1)	TEXTE (2)	TEXTE (3)
- météorites - pierres célestes - terrain de recherche - chercheurs - collection de météorites - spécialistes	- bactéries martiennes - tombée du ciel - météorites - fragments - microscope - structure d'une météorite - musées d'histoire naturelle	- cosmologie - physique, chimie, biologie... - évolution - cosmos - étoiles/astéroïdes - connaissances scientifiques - recherche

Ces relevés vont nous aider à résumer en une phrase le contenu de chacun d'eux.
1. Les météorites, enfermées sous les glaces de l'Antarctique, sont accessibles aux chercheurs.
2. Une exposition, à Paris, permet de découvrir quelques météorites découvertes dans l'Antarctique.
3. Le scientifique/le savant Hubert Reeves explique aux enseignants comment intéresser les élèves à la cosmologie et aux diverses sciences.

f) Rédaction

Pour cette première synthèse de texte, nous allons élaborer son plan et la rédiger ensuite, à titre d'exemple, comme nous l'avons fait précédemment pour le premier résumé et compte rendu.

1. LE PLAN
Introduction : Présentation des documents et du thème général.
1ère partie : Comment la science peut-elle susciter l'intérêt du public ?
2e partie : Comment éveiller les jeunes à la science et à la recherche scientifique ?
Conclusion : Intérêt des météorites.

2. RÉDACTION DE LA SYNTHÈSE, en 200 mots environ (l'ensemble des 3 documents compte 630 mots).

⇨ *Parmi les trois textes qui nous sont proposés, deux sont extraits d'hebdomadaires : le premier, du «Nouvel Observateur», le second du «Point». Le troisième provient du livre du scientifique Hubert Reeves, «Dernières nouvelles du Cosmos». Tous marquent un intérêt pour la science et deux en particulier pour les météorites.*
En effet, la découverte de météorites dans l'Antarctique où elles se trouvent protégées par la calotte glaciaire, a mis à la disposition des savants et des chercheurs une multitude de ces précieux cailloux. On peut d'ailleurs admirer certaines météorites à Paris, à la Grande Galerie, où se tient une magnifique exposition. Elle suscite tant d'intérêt que l'une des météorites exposées a disparu, volée par un visiteur sans doute passionné.
Le grand public montre donc un réel intérêt pour les choses scientifiques, quant aux

jeunes, c'est à leurs professeurs que Reeves lance un appel, sous forme de message. Si on les rend sensibles au fait que tous les phénomènes passés, depuis des milliards d'années, s'inscrivent dans leur propre histoire, ils se sentiront plus concernés par la science, plus intéressés et peut-être même passionnés. Tel est l'intérêt des météorites. (192 mots)

4
ENTRAÎNEMENT À LA SYNTHÈSE

EXERCICES

1 **Synthèse de textes courts**

Texte (1)

Bébes surproteinés

Enfants : alerte à l'obésité

De nombreux parents ignorent que leurs enfants reçoivent trois à quatre fois la dose de protéines nécessaire à leur équilibre. Cet excès serait l'une des causes de l'obésité infantile, phénomène qui s'aggrave en France. Atteindrons-nous les sommets américains ?

L'obésité des enfants augmente de manière inquiétante. À tel point que la courbe de corpulence a récemment trouvé place dans le carnet de santé, à côté des traditionnelles 5 courbes de taille et de poids. Entre 1978 et 1995, le nombre de *« très hauts surpoids »* de 10 ans a plus que doublé en région parisienne. De 3 % en 1965, ils sont passés à 6 % en 1978, jusqu'à atteindre 14 % en 1995. Selon les cher-10 cheurs et les nutritionnistes, la France s'achemine vers une société à l'américaine. Aux États-Unis, 40 % de la population souffre d'obésité ; et selon le président du groupe d'experts chargé par l'OMS de proposer des mesures préven-15 tives, ce taux pourrait doubler d'ici à 2030.

Observons les petits Français. Le corps de ceux qui vont développer une obésité s'étoffe trop tôt, vers l'âge de 3 ans, mais sans pour autant que l'enfant soit encore trop gros. On parle 20 alors d'un *« rebond précoce de l'adiposité »*. Ce stade où l'enfant perd sa minceur caractéristique et commence à s'étoffer intervient en moyenne aujourd'hui à 5 ans et demi, soit un an plus tôt que les enfants nés il y a trente ans. 25 Cela place bel et bien la France dans une situation proche de celle des États-Unis dans les années 60. C'est un véritable problème de santé publique.

(230 mots)
© *Le Nouvel Observateur*, 20/26-07-1996

Texte (2)

La consommation de sucre s'est accrue de 10 % par an en France ces dernières années (doublement tous les sept ans). Elle est égale depuis 1975 pour ce qui concerne le sucre «visible». La production suit dans le monde :
- fin du XVIIIe s. : quelques dizaines de milliers de tonnes ;
- 1900 : 8 millions de tonnes ;
- 1950 : 30 millions de tonnes ;
- 1970 : 70 millions de tonnes ;
- 1980 : 93 millions de tonnes (estimation).

Le sucre se présente la plupart du temps sous forme de sucre invisible ou de sucre caché, dans les boissons sucrées, sodas, etc. (entre 50 à 120 g de sucre par litre, soit dix à vingt morceaux de sucre par litre), les conserves (une boîte de petits pois de 900 g contient 40 g de sucre : huit morceaux de sucre), dans les glaces, les gâteaux, les confitures, les biscuits, les petits déjeuners préparés (cornflakes).

Les dangers du sucre

Pourquoi est-il nocif pour certains individus ? Nous n'avons pas besoin d'ajouter du sucre à notre alimentation : il y en a partout (pain, pâtes, fruits). La recherche du goût du sucré serait innée. Pour d'autres, elle résulterait d'un conditionnement social et culturel, probablement aussi psychanalytique. La mère s'attacherait à l'enfant en se présentant comme la seule source autorisée de sucreries. L'enfant est souvent puni pour avoir dérobé des confitures.

Le sucre pur en quantité excessive peut être dangereux, car il dérègle les délicats mécanismes de régulation permettant de stocker et de «brûler» les sucres simples. Ce dérèglement favorise l'embonpoint (stockage de sucre sous forme de graisse par l'intermédiaire du foie), le diabète (mauvaise réponse de la production d'insuline par le pancréas) et la fatigue des cellules du pancréas.

(342 mots)
Stella et Joël de Rosnay, *La Malbouffe*, © Librairie Plon

Texte (3)

Le sucre qui engraisse

Comment faire infailliblement du gras ? Réponse : en mangeant du sucre. Dans les gâteaux, dans les boissons sucrées (dans un litre de soda il y a... jusqu'à trente morceaux de sucre) et dans les nectars, au nom si délicieux, qui sont en fait des jus de fruits dilués par de l'eau et du sucre (car, il est vrai, non consommables en l'état, trop pulpeux ou trop acides) ! Ce sont de mauvais sucres, dits rapides, car ils ne sont pas retenus par l'estomac et l'intestin les absorbe immédiatement, le sang en est saturé. Le corps n'en a pas besoin : ils sont donc convertis en réserve, en graisses disgracieuses et redoutables. Mais le sucre fait sécréter de l'insuline, qui appelle à nouveau le sucre : quelques instants après, l'organisme a faim, il redemande du sucre, et l'enfer esthétique et médical commence. Le sucre est la ruine de la santé... et de la Sécurité sociale. N'a-t-on pas estimé qu'il fait aux États-Unis deux cent mille nouveaux obèses tous les ans ? En attendant de les rendre cardiaques.

Forme et santé dans votre assiette, et non pas malgré votre assiette. Les célèbres boissons sucrées prétendument rafraîchissantes ne deviennent-elles pas «light» ou «diet», culpabilisées d'avoir engendré des millions d'obèses ?

(217 mots)
Jean-Marie Bourre, *Les Bonnes Graisses*,
© éd. Odile Jacob

a) Voici trois textes, **observez-les.**

b) De quels types de documents s'agit-il ?

TEXTE (1) ....

TEXTE (2) ....

TEXTE (3) ....

c) Quels renseignements vous donnent les titres des textes et/ou les titres des livres ? Quels sont les mots qui en laissent deviner le contenu ?

TEXTE (1) ....

TEXTE (2) ....

TEXTE (3) ....

d) Lisez attentivement chaque texte et résumez son contenu.

TEXTE (1) ....

TEXTE (2) ....

TEXTE (3) ....

e) À l'aide des mots/phrases-clés des textes, répondez aux questions posées dans le tableau ci-dessous.

	TEXTE (1)	TEXTE (2)	TEXTE (3)
a) Quels sont les produits cités, dangereux pour la santé (quand ils sont consommés en excès) ?			
b) Quelles sont les conséquences de ces excès ?			
c) Comment lutter contre ces dangers ?			

f) À l'aide du tableau ci-dessus, nous vous proposons un plan qui vous aidera à rédiger votre synthèse. Vous devrez surtout utiliser la comparaison ; en effet, les textes ne sont pas contradictoires.

INTRODUCTION : Brève présentation du thème commun aux trois documents.

....

....

1ère PARTIE : Les dangers dénoncés dans les textes.

2e PARTIE : Les conséquences de ces dangers.

CONCLUSION : Analyse des différentes propositions faites par les auteurs.

g) Rédigez maintenant la synthèse, en suivant le plan proposé, en 235 mots environ (les trois textes comptent 789 mots).

....

....

....

....

....

....

....

....

....

....

....

....

....

....

....

....

2 Synthèse d'un ensemble de quatre textes

Texte (1)

Antiquité : les femmes aussi ?

C'est une pierre de plus jetée dans le jardin des misogynes du sport ! Ne leur en déplaise, les hommes n'avaient sans doute pas le monopole des Jeux de l'Antiquité. C'est ce que démontre l'historienne Violaine Vanoyeke, qui, dans son dernier livre, un roman (*Le Secret du pharaon*, Éditions l'Archipel), met en scène une authentique championne de l'Antiquité. Elles avaient d'abord leurs propres Jeux, célébrés tous les quatre ans en l'honneur d'Héra, les Héréia. Là, les concurrentes ne disputaient qu'une seule épreuve, la course à pied. Surtout, à Sparte, les femmes subissaient un entraînement intensif dès le VIᵉ siècle avant J.-C. et brillaient au pentathlon. Des découvertes archéologiques permettent même d'aller plus loin. Selon Violaine Vanoyeke, des femmes ont parfois participé aux Jeux des hommes. Elle cite ainsi *« des inscriptions trouvées à Delphes, qui prouvent que des femmes concouraient aussi aux Jeux pythiques (à Delphes) et aux Jeux isthmiques (à l'isthme de Corinthe) ».* Mieux, la femme dont l'historienne a fait une des héroïnes de son livre, Bilistiché, se serait illustrée à Olympie au IIIᵉ siècle avant J.-C. À deux reprises, elle aurait remporté une course de chars devant des hommes.

Reste un mystère. Ces participations ne sont en effet attestées que par des découvertes archéologiques, fresques ou inscriptions. Les écrivains classiques, eux, n'ont jamais fait allusion aux femmes – sauf pour en mentionner l'exclusion sous peine de mort ! Une contradiction entre deux sources bien embarrassante à laquelle Violaine Vanoyeck ne voit qu'une réponse : la misogynie des auteurs de l'époque qui, bien sûr, étaient des hommes.

E. S. - M.

(300 mots)
© *Le Point*, 8-06-1996

Texte (2)

SOCIÉTÉ

ATLANTA. Depuis dix-huit mois, trois femmes – une belge et deux françaises – se battent pour faire exclure des JO les pays qui briment les athlètes féminines. Elles viennent de remporter une minuscule victoire. Le président du Comité international en est très agacé. **François Koch**

Trois femmes ont réussi à faire plier Hachemi Rafsandjani, le président iranien : pour la première fois, la délégation de l'Iran aux JO comprendra une athlète. Qui sont ces trois femmes opiniâtres ? Les fondatrices d'Atlanta + : Anne-Marie Lizin, Annie Sugier et Linda Weil-Curiel.

[...] L'idée de ce combat a germé alors qu'elles regardaient la cérémonie d'ouverture des JO de Barcelone, le 25 juillet 1992. La joie du retour de l'Afrique du Sud, exclue pendant vingt-huit ans pour cause d'apartheid, masquait le fait que 36 pays avaient envoyé en Catalogne des délégations exclusivement masculines.

Depuis dix-huit mois, le comité Atlanta +, basé à Paris, mène campagne contre l'« apartheid des femmes », n'hésitant pas à demander l'exclusion de ceux qui le pratiquent. « C'est parce que la Charte du Comité international olympique condamne autant les discriminations fondées sur la race que celles sur le sexe, plaide Linda Weil-Curiel, qu'Atlanta + exige que le CIO refuse la participation aux JO 96 des pays qui excluent les femmes de leurs délégations d'athlètes. » Annie, Anne-Marie et Linda ont sollicité l'engagement des athlètes, des leaders politiques, en France et à l'étranger, et des institutions internationales. Leur plus beau succès : la résolution,

.../...

.../...

adoptée en avril dernier par l'ONU, condamnant la discrimination à l'égard des femmes aux Jeux olympiques.

Quant à la femme alibi que projette d'envoyer l'Iran – une championne de tir qui dévoilera ses performances en tchador – il s'agit d'une victoire inattendue. Car, parmi les 36 délégations exclusivement masculines des JO de Barcelone figuraient 18 pays musulmans, où l'Iran faisait figure de leader. Hachemi Rafsandjani avait d'ailleurs justifié en 1993 l'interdiction faite aux femmes de participer aux JO par la nécessité de préserver leur pureté et de « prévenir la corruption qui pourrait résulter de la présence simultanée d'hommes et de femmes athlètes dans un seul et même lieu ».

Les JO 96 permettent donc un premier pas significatif. Les trois animatrices d'Atlanta + ont provoqué une prise de conscience. Même si beaucoup de réponses sont diplomatiques : d'accord pour une pression internationale en vue de mettre fin à la discrimination sexiste, mais non à l'exclusion des pays qui la pratiquent.

Le CIO compte sur l'augmentation lente et régulière de la proportion de femmes athlètes – de 1 % en 1900 à 29 % en 1992 – pour briser les blocages d'une minorité de pays. À Atlanta, de nouveaux sports féminins vont

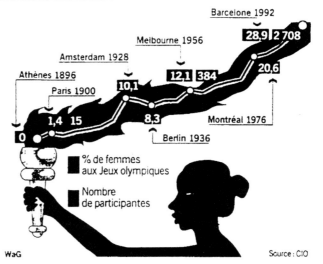

apparaître, notamment le football et l'épée. L'escrime est d'ailleurs un sport qui intéresse beaucoup les Iraniennes, car les combats se font masqués ! « C'est aux fédérations nationales et internationales de développer le sport féminin, insiste Fekrou Kidane. Pour cela, ils faut plus de femmes parmi les entraîneurs et les dirigeants : nous lançons l'objectif de 10 % pour l'an 2000, un quota que certains pays européens auront du mal à atteindre. » En France, sur 80 fédérations sportives, une seule est présidée par une femme, celle des sourds ! Sans mesure incitative, cet objectif de 10 %, pourtant très modeste, a-t-il des chances d'être atteint ?

Le groupe de pression qu'est Atlanta +, malgré son efficacité, est trop petit et manque de moyens, vu l'ampleur de la tâche : la dislocation de l'URSS a jeté dans l'arène internationale de nouveaux pays musulmans qui emboîtent le pas à l'Iran. Aux États-Unis, des mouvements féministes ont vite baissé les bras, pour ne pas jeter le discrédit sur «leurs» JO.

En France, Atlanta + a néanmoins réussi à provoquer la mobilisation des collèges et des lycées en entraînant l'adhésion du Syndicat national de l'éducation physique (Snep) : il a d'ores et déjà recueilli 4 000 pétitions invitant Samaranch à interdire « la ségrégation sexiste aux JO ». Pour les profs du Snep, le sport favorise l'émancipation des jeunes femmes, au Proche Orient et au Maghreb comme en France. Une préoccupation concrète, puisqu'ils sont confrontés à certaines familles maghrébines qui interdisent à leurs filles de participer aux activités sportives à l'école, surtout la natation.

(800 mots environ)
© *L'Express*, 13-06-96

Texte (3)

ENTRETIEN MARIE-JOSÉ PÉREC

Par Gérard Schaller

Avant même de disputer le 400 m des jeux, Marie-José Pérec possède déjà un palmarès extraordinaire. À plus d'un titre, puisqu'à vingt-huit ans elle est à la fois **championne olympique, championne du monde et d'Europe...** Mieux, elle tentera à Atlanta de devenir la première athlète à obtenir deux médailles d'or consécutives sur la distance. Compte tenu de son début de saison et de son expérience, il y a tout lieu de partager son énorme confiance.

Quatre ans après, quel souvenir gardes-tu de Barcelone ?
Un souvenir extraordinaire... Il y a ma course d'abord, dont je me souviens de A à Z. Une victoire comme celle-là, cela représente des
5 moments d'émotion tellement forts ! Lorsque je passe la ligne, c'est... énorme ! Je ne sais pas s'il y a des mots pour décrire ça. Et d'ailleurs, cela me fait un peu peur pour l'avenir : parfois, je me dis que jamais, dans ma vie, je
10 n'aurai l'occasion de revivre quelque chose de similaire. L'émotion est si intense qu'il me paraît difficile de retrouver ça dans un autre domaine... Mais je me souviens aussi de tout le reste : la vie au village olympique, l'ambiance,
15 la ville... Comme si c'était hier.

On dit souvent que ce n'est jamais aussi bon que la première fois : tu n'as pas peur d'avoir déjà vécu ce qu'il y a de mieux et d'être un peu déçue à Atlanta ?
Non, parce que, même s'il s'agit de la même
20 distance, ce sera différent : c'est un autre lieu, j'ai quatre ans de plus... C'est autre chose. Et ce sont tout de même les jeux Olympiques ! [...]

Revenons à Atlanta : que penses-tu de la ville, après y être restée quelques jours ?

25 Moi, j'aime bien «underground», comme ils disent. Et puis c'est une ville ancienne, très verte. Il y a beaucoup de parcs, d'arbres. C'est une ville très américaine, très étendue, mais qui a une histoire. Et une histoire qui me
30 touche : Martin Luther King y est né, y a vécu et y a mené beaucoup de ses luttes.

À propos de symbole, cela te fait plaisir d'être le porte-drapeau de la délégation française ?
Oh oui, énormément. J'ai été très touchée. Il
35 y avait deux-trois hommes auxquels ils avaient également pensé, et finalement ils m'ont choisie, moi qui suis une femme et qui suis antillaise. Je trouve que c'est important : il y a beaucoup de pays qui n'envoient pas de
40 femmes aux Jeux. Et la France prouve qu'elle est un pays moderne, évolué, où les femmes comptent au point qu'on peut les désigner comme porte-drapeau.

À Tokyo, en 1991, lorsqu'on te faisait remarquer que tu
45 **étais la première Française championne du monde, tu ajoutais que tu étais la première Antillaise sacrée dans une grande compétition mondiale d'athlétisme...**
Bien sûr, parce que je n'oublie pas mes origines. Et pour nous, c'est important de montrer qu'on évolue, qu'on peut avoir de grands
50 succès, qu'on peut apporter notre contribution à la fierté nationale... [...]

La gloire, tu l'as déjà. Et l'argent ? Tu es riche ou tu vis simplement bien ?
55 Je vis... normalement ! (elle rit.)

Quelqu'un s'occupe de ton argent ou tu t'en charges toi-même ?
C'est moi... Mais j'ai des gens qui me conseillent.

(650 mots)
© *L'Équipe magazine*, 20-07-1996

Texte (4)

> Elle l'a fait. La double victoire au 400 mètres, l'exploit jamais
> accompli, tout le monde le savait que c'était à sa portée.
> Et en 48"25, elle nous l'a démontré avec une facilité
> stupéfiante, rayonnante. « C'est le naturel », dira Guy Drut,
> 5 le ministre des Sports, qui vient la féliciter sitôt la ligne d'arrivée
> franchie et déjà enveloppée dans le drapeau français.
> Comme à son habitude, elle nous a offert le spectacle souverain
> de sa montée en puissance. Au dernier virage, elle était menée
> d'une courte distance par sa concurrente australienne,
> 10 Cathy Freeman, et c'est alors que ses jambes immenses
> ont déroulé cette foulée incomparable, irrésistible.
> Et, en quelques fractions de seconde, Marie-José s'est
> envolée dans une autre planète : la victoire.
> Quelques minutes plus tard, vacillante de bonheur,
> 15 comme dans les contes de fées, elle disait simplement :
> « Je crois que je suis entrée dans l'Histoire. »

(175 mots)
© *Paris-Match*, 8-08-1996

a) Observez les textes (origine, date...)
De quel type de textes s'agit-il ? Sont-ils contemporains les uns des autres ?

....

....

b) Lisez les titres et les sous-titres des différents textes proposés.
1. Pouvez-vous en déduire le sujet développé dans les quatre textes proposés ?

....

....

2. Relevez les mots qui vous ont permis de répondre à la question précédente :

....

....

....

....

3. Quelle est (quelles sont) la (les) période(s) historique(s) évoquée(s) par les textes ?

....

....

....

4. Le contenu de ces titres et sous-titres laisse-t-il prévoir une conclusion plutôt pessimiste ou plutôt optimiste ? Citez les expressions qui justifient votre choix.

....

....

....

....

c) Après une première lecture, **dégagez en quelques phrases** le contenu des quatre textes proposés, selon l'exemple donné pour le texte (1).

TEXTE (1)

Un roman, écrit par une historienne met en scène une championne du IIIe siècle avant J.-C. et nous montre la grande participation des femmes aux Jeux de l'Antiquité, attestée par les découvertes archéologiques.

TEXTE (2) ....

....

....

....

....

TEXTE (3) ....

....

....

....

TEXTE (4) ....

....

....

....

d) **Lisez attentivement** les quatre textes proposés et **complétez** le tableau ci-dessous en répondant aux questions qui vous sont posées dans la colonne de gauche, selon le modèle proposé.

QUESTIONS	TEXTE 1	TEXTE 2	TEXTE 3	TEXTE 4
Quelle est la nature du document ?	Compte rendu de livre (roman historique).	Extrait d'un article sur les activités d'une association fondée par trois femmes (Atlanta +)	Interview d'une athlète française, Marie-José Pérec	
De qui est-il surtout question dans le texte ?	D'une athlète de l'Antiquité grecque.			
Quelles sont les expressions qui montrent que les femmes sportives peuvent arriver à un très haut niveau de compétition ?	- *les hommes n'avaient... pas le monopole des jeux...* *«subissaient un entraînement intensif... et brillaient...* - *elle aurait remporté une course de chars devant les hommes.*			
Quelles sont les expressions qui montrent l'attitude négative des hommes devant la compétition féminine ?	- *misogynes du sport* - *exclusion sous peine de mort* - *la misogynie des auteurs de l'époque qui... étaient des hommes*			
Y a-t-il des expressions qui révèlent cependant les progrès accomplis, qui montrent une certaine évolution de cette situation ?				

e) Maintenant, vous pouvez **rédiger la synthèse des quatre textes, en organisant** les renseignements contenus dans les relevés. Vous écrirez de 600 à 650 mots.

Le plan, variable selon le type de textes et de sujets proposés, peut être **chronologique** (dans l'Antiquité, depuis la reprise des J.O., aujourd'hui, dans l'avenir...) ou comparatif (ressemblances et différences).

L'EUROPE

vue par Victor Hugo et Paul Valéry
et définie dans le Traité de Rome en 1957

1 Eh bien ! Vous dites aujourd'hui, et je suis de ceux qui disent avec vous, tous, nous qui sommes ici, nous disons à la France, à l'Angleterre, à la Prusse, à l'Autriche, à l'Espagne, à l'Italie, à la Russie, nous leur disons :

5 Un jour viendra où les armes vous tomberont des mains, à vous aussi ! Un jour viendra où la guerre paraîtra aussi absurde et sera aussi impossible entre Paris et Londres, entre Pétersbourg et Berlin, entre Vienne et Turin, qu'elle serait impossible et qu'elle paraîtrait absurde aujourd'hui entre Rouen et Amiens, entre Boston et Phila-
10 delphie. Un jour viendra où vous France, vous Russie, vous Italie, vous Angleterre, vous Allemagne, vous toutes, nations du continent, sans perdre vos qualités distinctes et votre glorieuse individualité, vous vous fondrez étroitement dans une unité supérieure, et vous constituerez la fraternité européenne, absolument comme
15 la Normandie, la Bretagne, la Bourgogne, la Lorraine, l'Alsace, toutes nos provinces, se sont fondues dans la France. Un jour viendra où il n'y aura d'autres champs de bataille que les marchés s'ouvrant au commerce et les esprits s'ouvrant aux idées. Un jour viendra où les boulets et les bombes seront remplacés par les votes, par
20 le suffrage universel des peuples, par le vénérable arbitrage d'un grand sénat souverain qui sera à l'Europe ce que le parlement est à l'Angleterre, ce que la diète est à l'Allemagne, ce que l'assemblée législative est à la France ! Un jour viendra où l'on montrera un canon dans les musées comme on y montre aujourd'hui un instru-
25 ment de torture, en s'étonnant que cela ait pu être ! Un jour viendra où l'on verra ces deux groupes immenses, les États-Unis d'Amérique, les États-Unis d'Europe, placés en face l'un de l'autre, se tendant la main par-dessus les mers, échangeant leurs produits, leur commerce, leur industrie, leurs arts, leurs génies, défrichant le
30 globe, colonisant les déserts, améliorant la création sous le regard du créateur, et combinant ensemble, pour en tirer le bien-être de tous, ces deux forces infinies, la fraternité des hommes et la puissance de Dieu !

Et ce jour-là, il ne faudra pas quatre cents ans pour l'amener, car
35 nous vivons dans un temps rapide, nous vivons dans le courant d'événements et d'idées le plus impétueux qui ait encore entraîné les peuples, et, à l'époque où nous sommes, une année fait parfois l'ouvrage d'un siècle.

Et français, anglais, belges, allemands, russes, slaves, européens,
40 américains, qu'avons-nous à faire pour arriver le plus tôt possible à ce grand jour ? Nous aimer.

Victor Hugo, Discours d'ouverture au Congrès de la Paix,
à Paris, le 9 août 1849

2 Notre Europe, qui commence par un marché méditerranéen, devient ainsi une vaste usine ; usine au sens propre, machine à transformations, mais encore usine intellectuelle incomparable. Cette usine intellectuelle reçoit de toutes parts toutes les choses de
5 l'esprit, elle les distribue à ses innombrables organes. Les uns saisissent tout ce qui est nouveauté avec espoir, avec avidité, en exagèrent la valeur ; les autres résistent, opposent à l'invasion des nouveautés l'éclat et la solidité des richesses déjà constituées. Entre l'acquisition et la conservation, un équilibre mobile doit se rétablir sans
10 cesse, mais un sens critique toujours plus actif attaque l'une ou l'autre tendance, exerce sans pitié les idées en possession et en faveur ; éprouve et discute sans pitié les tendances de cette régulation toujours obtenue.

Il faut que notre pensée se développe et il faut qu'elle se conserve.
15 Elle n'avance que par les extrêmes, mais elle ne subsiste que par les moyens. L'ordre extrême, qui est l'automatisme, serait sa perte ; le désordre extrême la conduirait encore plus rapidement à l'abîme.

Enfin, cette Europe peu à peu se construit comme une ville gigantesque. Elle a ses musées, ses jardins, ses ateliers, ses labora-
20 toires, ses salons. Elle a Venise, elle a Oxford, elle a Séville, elle a Rome, elle a Paris. Il y a des cités pour l'Art, d'autres pour la Science, d'autres qui réunissent les agréments et les instruments. Elle est assez petite pour être parcourue en un temps très court, qui deviendra bientôt insignifiant. Elle est assez grande pour contenir tous les
25 climats ; assez diverse pour présenter les cultures et les terrains les plus variés. Au point de vue physique, c'est un chef-d'œuvre de tempérament et de rapprochement des conditions favorables à l'homme. Et l'homme y est devenu Européen.

Paul Valéry, *Variété*, «Note ou l'Européen»
© éd. Gallimard

3

Le traité de Rome, 1957

Déterminés à établir les fondements d'une union sans cesse plus étroite entre les peuples européens,

Décidés à assurer par une action commune les progrès économiques et sociaux de leurs pays en éliminant les barrières qui divisent l'Europe,

Assignant pour but essentiel à leurs efforts l'amélioration constante des conditions de vie et d'emploi de leurs peuples,

Reconnaissant que l'élimination des obstacles existants appelle une action concertée en vue de garantir la stabilité dans l'expansion, l'équilibre dans les échanges et la loyauté dans la concurrence,

Soucieux de renforcer l'unité de leurs économies et d'en assurer le développement harmonieux en réduisant l'écart entre les différentes régions et le retard des moins favorisés,

Désireux de contribuer, grâce à une politique commerciale commune, à la suppression progressive des restrictions aux échanges internationaux,

Entendant confirmer la solidarité qui lie l'Europe et les pays d'outre-mer, et désirant assurer le développement de leur prospérité, conformément au principe de la Charte des Nations unies,

Résolus à affermir, par la constitution de cet ensemble de ressources, les sauvegardes de la paix et de la liberté, et appelant les autres peuples de l'Europe qui partagent leur idéal à s'associer à leur effort,

Ont décidé de créer une Communauté économique européenne.

Achevé d'imprimer en France
par Dupli-Print à Domont (95)
en juin 2011
N° d'impression : 177069

Dépôt légal : 06/2011
Collection n° 06 - Edition n° 12
15/5091/2